希臘眾神很有事

ZEUS IS A DICK

蘇西・唐金 Susie Donkin—著
歸也光—譯

\ 神啊！別鬧了！/

史上最瘋狂的
奧林帕斯
「偽」歷史

獻給可可（Coco）
因為她，這本書才有可能誕生

CONTENTS

序

因為某種原因，現代人喜歡懷抱崇敬之情回顧希臘神話。它們是文化的品質證明，由冰冷的大理石藝術作品、莊嚴的畫像以及令人生畏的神廟體現。就算是輕鬆的神話相關書籍，也是出自諸如史蒂芬·菲瑞（Stephen Fry）等重量級知識分子之手。那是因為希臘神話啟迪了古希臘與其文明的宗教與政治制度，對吧？對。不過這本書有所不同。完全不需要任何正統的先備知識。你甚至不需要知道誰是波西·傑克森（Percy Jackson）。

因為在西元前十八世紀，沒錯，西元前一千八百年，希臘神話是由詩人和歌手演出，就是古希臘的瑪雅·安傑盧（Maya Angelou）或哈利·史泰爾斯

（Harry Styles）。那些故事稀奇古怪、粗野，而且真的很棒——必須如此，否則誰想傳誦啊。我們所知的大部分故事都繪製於西元前第九世紀，寫下來的時間還要更晚。所以這些故事有九百年的時間都在派對、節慶和維持社交距離的狂歡中讓人大講特講。這也是一段很漫長的時間，足供神話變化、為迎合某些政治手段而改編，但我們不會討論那些——雖然有一個總統無可置疑就是宙斯的化身，嗯……

這些神話也有諸多版本，因為當然囉，如果你回到古希臘，告訴那裡的人他們是希臘人，你離開時多半一隻眼睛上會插著一支箭。希臘並不是一個統一的國家，而是由許多城邦組成，而且彼此間經常開打——他們唯一團結起來的一次是為了對抗波斯人。你以為斯巴達人和雅典人的生活方式和價值觀都差不多？錯囉——雅典人甚至不容許他們的女性離開房子，斯巴達女人則是戰士，而來自不同區域的神話反映出這種多樣性。尤其每個城市都有各自最愛的偶像，像是阿波羅和阿提米斯（終極女戰士）在斯巴達擁有至高無上的地位；雅典甚至以智慧女神本尊的名字為名（持平而言，波賽頓給了他們一份糟糕至極的禮物，感覺就像他根本沒想贏）。大多數城邦都有一、兩個守護神：奧林比亞（Olympia）是宙斯，哥林斯（Corinth）是波賽頓，阿哥斯（Argos）有希拉——除此之外還有太多名字聽起來很好笑的城市，像是帖斯庇伊（Thespiae），這裡的人崇拜渴望之神厄洛斯（Eros）；還有底比斯（Thebes），他們選了阿波羅（之後會談到他）和戴歐尼修斯（Dionysus），後者是瘋狂、酒與劇場之神。開趴至上。

這些神話應該要是娛樂才對：你能想像古希臘人縮在營火旁，凍得奶頭都要掉了，一面壓低音量講述宙斯有多偉大的故事嗎？絕對沒辦法。他們香腸都吃完了，所有八卦也已經講乾，因此為了打發時間，他們拿諸神來找樂子。這件事做起來挺容易，因為諸神實在是挺滑稽的一群。這些並不是那種高高在上的神，而是誇張的角色，跟人類雜處；人類所能提供最好的、最壞的，他們都縱情享受。榮耀？大多數神唯一享受的榮耀只在早晨。神不可靠。就跟我們一樣。

在本書中，我挑選出最有趣的故事：神真正搞砸的故事；在那些時刻中，他們被自己的自尊（和性衝動）把持，我們看見他們真實的樣貌——好色、沒安全感、共謀、偏執、虛榮又小心眼。換言之，極度像人——只是加上一些神的配件，像是長翅膀的涼鞋和永生不死。所以，我們就別再敬畏他們了，開始嘲笑他們吧——古希臘人心裡打的就是這個主意。

1 烏拉諾斯（和他的元祖老二本尊）才是元祖混帳

為了了解宙斯為什麼這麼混帳，我們需要回顧一下他的家族歷史。因為混帳通常有混帳父母，而宙斯也不例外。他爸是個正牌混帳，老爸的老爸名叫烏拉諾斯（Ouranos），也是個正牌混帳。沒錯。不過烏拉諾斯不能怪他爸把他生成一個混帳，因為他沒有老爸。他只有一個媽媽。她從一開始就在了——蓋亞（Gaia）本尊，就字面意義而言就是大地。身為大地肯定無聊透頂，因此她生下天空，這代表她至少有了一個說話的對象。說真的，蓋亞就像女性主義的女祖先——她只為了自己高興而創造出另一個存在，完全靠自己。她明明有一整個宇宙的名字可挑，我實在不知道她為什麼要將他取名為烏拉諾斯——

我的意思是，他甚至什麼都還沒做，聽起來就像個混帳——總之她就是這麼做了。然後她讓他成為她的丈夫，因為選擇實在不多，而且嫁給自己的兒子似乎沒太大問題。事實上，亂倫在希臘神話中常見得很：他們都娶自己姊妹、上自己老媽、覬覦自己老爸。佛洛伊德用希臘神話為他的理論命名有其道理。

總之，烏拉諾斯夜夜疊上大地、與蓋亞歡好。這幾乎稱得上詩意（前提是你忘掉他技術上而言算是她兒子）。然後蓋亞懷孕了。她告訴烏拉諾斯，而他嚇跑了。他還沒來得及追網飛（Netflix）的《性愛自修室》（*Sex Education*），因此他什麼也不懂。不過蓋亞清楚知道自己在做什麼——她已經自己生過一個丈夫了。事實上，她覺得這整個經驗給予她很大的權力感。所以囉，歷經充滿有機蔬果泥和大量甘藍菜的孕期後，她完全沒靠止痛劑就生下**十二個**孩子——六女六男——並稱他們為「泰坦」（Titan）。一次生下一打小孩，取一個共同的名字真是再方便不過。他們形成有趣的東西，像是大海

（俄刻阿諾斯〔Oceanus〕）和天體（科俄斯〔Coeus〕），然後還有一些不那麼有趣的東西，像是法律（泰美斯〔Themis〕）。然後因為蓋亞是終極的大地之母，他們都長成長髮、自信的個體，極度獨立，同時又具備強大的家庭觀。他們都沒有打麻疹腮腺炎德國麻疹混合疫苗。

烏拉諾斯討厭他們。他們煩得要命，而且永遠不在該上床的時候乖乖去睡，這代表他和蓋亞的「成人」時間大幅減少——不過還是有時間懷上另外幾個小孩，而且相形之下，十二泰坦就像去公園散步一樣寫意。首先是三個各自擁有一百條手臂的巨人（因為當你們是天空和大地搞在一起，就基因層面，你們生下什麼模樣的小孩都有可能）。他們稱這些小孩為百臂巨人（Hekatonkheire），意思就是有一百隻手的傢伙——這名字也很方便，因為他們就長這模樣，所以不需要用上名牌之類的東西。然後還有三個獨眼巨人（Cyclopes）；他們也在遊戲場造成一點騷動，因為他們用樂高積木做出導彈。幸好並不能用。烏拉諾斯開始聲稱自己得了男性產後憂鬱症，通常只要蓋亞要他照顧小孩就會發作。他不曾計畫成為一位父親，然而突然間，他已經在努力應付十八個小孩，年紀最小的那幾個實際上根本是怪物。在這之上，他還有他自己的天空工作要做，他又不能請事假——他結婚的對象就是他老闆。說他感覺受困還太過客氣。無論如何，這還是不能為他接下來所做的事開脫。

烏拉諾斯抓起一把鏟子開始挖。他挖了一個大坑，深入大地（也就是他實際上的老婆）中心，然後把百臂巨人和獨眼巨人都關在裡面。這是個苦差事，但令人滿足。就這麼一次，做些勞力活兒讓他心曠神怡。他心裡想著，而且不是第一次了，如果他改行換個比較直截了當的工作，他的人生可能會比較輕鬆，像是園丁，或是編籃工，而非像現在肩負整個天空的責任，壓力大得要命，還有各種令人卵蛋發疼的麻煩事，包含整年三百六十五天的夜班。他在心裡記下一筆，要開始跑步，或固定做些運動。

同時間，蓋亞也慢慢發現「放養」孩子代表他們現在真的變成野生動物了。他們形成獸群，她開始覺得勢單力薄，尤其每次只要麻煩事上門，烏拉諾斯總是會神奇地消失。因此那晚他下來例行做愛時，她就像這樣：「等等！他媽的等等！我以為現在輪到你照顧比較小的那幾個，所以他們到底在哪？」烏拉諾斯想盡辦法打馬虎眼：「親愛的，天啊，我不知道耶，我以為他們出去探險了，可能只是轉入某條小路而已吧。」蓋亞的反應則是：「我現在沒興致做那檔事，午餐後就覺得莫名肚子痛；不是，在你問之前，不是消化不良。我不知道是怎麼搞的，但是我現在需要躺躺，所以這輩子就這麼一次，換你哄孩子上床。然後你他媽離老娘遠一點！」烏拉諾斯的反應是「屎蛋啦，好吧，我乖乖聽話，這位瘋女士要多大空間我就給她多大空間。」他說完就回天上去了。

這會兒蓋亞氣瘋了。因為當她叫烏拉諾斯滾，她並不是那個意思——她顯然是想要他為自己是這麼一個沒用的混蛋而道歉，然後告訴她他有多感激她。

誰知道他就這麼拍拍屁股走人，甚至沒跟孩子們說再見。而且她還是不知道最小的那幾個在哪……等等。她在驚恐中突然領悟是什麼造成她這麼嚴重的胃抽筋。她勃然大怒。她受夠了。報應的時候到了。

於是蓋亞找了一個繽趣（Pinterest）教學，領悟她需要幾個幫手，因此她嚼柳樹皮止痛，放出體內的百臂巨人和獨眼巨人；為了感謝她，他們為她變出一把燧石刃鐮刀。然後她去找她的泰坦兒子們，對他們說：「好囉，你們哪一個要去閹了你們的老爸？因為我來告訴你們吧，他就是一個徹頭徹尾的**混帳**——他把你們的手足關在我體內，我這輩子可能沒**那麼**痛過，所以我要確保他**永遠無法**再來一次。」他們的反應是：「媽，搞屁啊，妳是經前症候群嗎？」她則是：「沒，我才不是。順便提供你們一點資訊，女人不必等到月經期才發脾氣、情緒化——她們**高興哪時發飆就哪時發飆！**跟男人一樣。無論如何，**又**不是叫你們殺死他，我只是在創造避孕方法而已。」他們接著說（同時手護著自己的鼠蹊部）：「那臨床試驗之類的呢？因為我們並不確切知道切掉他的老二會產生什麼副作用。」他們說這話時從頭到尾都抓著自己的鼠蹊部。蓋亞看著他們，心想「天啊，男人有夠可悲。」她說：「聽著，這完全合法，我問過你們的姊妹泰美斯，她本身就是法律，然後她說沒關係。」他們說：「妳是指一頭灰髮、很愛辯論的那一個嗎？」她說：「對！」他們說：「什麼？令人髮指的泰美斯？」然後開始用書呆子的口氣說話，還歇斯底里地大笑；她說：「你們都給我閉上鳥嘴！」於是他們閉嘴。然後她說：「好，所以你們哪一個小屌蛋要下手？」

六個兒子中，只有最小的克洛諾斯（Cronus）舉起手。他總是想方設法要讓哥哥們對他刮目相看，而且也夠笨了，竟覺得切掉老爸的老二或許是個好方法。蓋亞頗為失望，因為克洛諾斯有點成事不足敗事有餘，但只有他自願，因此她別無選擇。

他們前往一家安靜的咖啡店，她點草本茶，他則是熱巧克力；他超級快樂，因為蓋亞通常不准他們吃糖，而且他終於有機會單獨跟他媽好好相處。蓋亞等到他喝完他的巧克力，正要告訴他計畫內容，這才想到他可能還不懂去勢是什麼，因此她說：「克洛諾斯，你知道性是怎麼一回事吧？」克洛諾斯一臉茫然，她心想：「天啊，烏拉諾斯，你連這點父親的職責都做不好嗎？」於是她幫克洛諾斯補習，然後他才得知老二的實際功用，並大受震撼；他原本覺得「耶，我好高興我自願切掉我爸的老二。」現在轉而覺得「媽的，這可能是我這輩子作過最糟的決定。」但他無法回頭，因為他媽是整顆星球的女神，而且生起氣來有夠恐怖。

「你一看見那根老二完全變硬勃起，我要你用這把特別的鐮刀一刀把它從根部砍斷。懂了嗎？」克洛諾斯覺得自己快吐出來了。（這對他來說真的很不妙，不過我們晚點才會談到。）

一週後，他埋伏在他母親床底下，汗濕的雙手緊握住自家打造的鐮刀，對自己的決定後悔不已。這時傳來敲門聲。

「進來吧。」蓋亞用最沙啞的聲音說道。

一身鬍後水味的烏拉諾斯進來，在身後關上門。

「妳好美。」他說道。

「謝謝。」她回道。

「好久了呢。」

「是啊。」

就連克洛諾斯也聽得出這段對話有多瞎。

「孩子們怎麼樣？」烏拉諾斯問道，好像他真的關心一樣。

「你說的是將成為世界統治者的那些，還是被你關在我體內的那些？你這爛人！」

克洛諾斯握拳（窩在床底下還是盡可能地握），因為他剛剛得知自己將成為世界統治者，不料手肘撞上地板，他痛喊出聲。烏拉諾斯的反應是「那啥？」蓋亞則是心想「媽的，真不敢相信我竟然把這任務交付給我最笨拙的一個兒子。」不過她褪去衣衫轉移烏拉諾斯的注意力。每次都有用。床底下的克洛諾斯聽得見他老爸的呼吸變得越來越沉重。他看著一件件衣服飄落地板，一面懊悔著他每一個讓自己落入這番田地的決定，包含被生下來。

「靠近一點。」蓋亞說道。

烏拉諾斯不需要任何鼓勵。他像出疹子一樣包覆她全身，口水流滿她的奶子，把她推倒在床上；蓋亞則是想著「克洛諾斯死哪去了？為什麼我還得忍受這些？」誰知道克洛諾斯居然把大鐮刀卡在床墊的彈簧裡了，等到他脫困、爬出來，烏拉諾斯正要壓上俯臥的蓋亞。克洛諾斯遲疑了。他媽那副令人垂涎的胴體看得他目瞪口呆（因為，別忘了，他們是希臘神祇，而亂倫是他們最喜歡的事情之一），不過他逼自己專注於他爸的小鳥。它肯定處於勃起狀態無誤，而他無法忽視那雲朵形狀的龜頭（蓋亞的美妙設計）。但他還是回到手頭上的工作。他瞄準，鐮刀一揮，砍下他爸的小鳥。

血流成河。我的意思是**成河**，就連蓋亞也嚇到了。血噴個不停。烏拉諾斯吼個不停，彷彿受重傷的動物。他確實也是啦。克洛諾斯手足無措，因為他滿身都是他爸的血，也還因為看見自己老媽的輝煌裸體而大受震撼。接著他的兄姊們到場，他們的反應是——尖叫成這樣是怎麼回事？然後他們看見老爸沒了老二，克洛諾斯手上拿著血淋淋的鐮刀，接著泰美斯說：「這違法了吧？」而蓋亞說：「妳之前說沒關係啊！」泰美斯的反應是「哇啊！等等，媽——妳沒問過我這個吧？我才沒說過呢！」但她媽丟了幾枚銀幣給她，她的反應突然就變成「是噢，隨便啦，我去旁邊忙自己的事了。」然後烏拉諾斯戲劇化了起來，吼著：「妳奪走我的男子氣概」和「我甚至不知道我自己是誰了」之類的。其他人的反應是「現在真的應該先說這些嗎？不是應該叫救護車之類的嗎？因為你有可能失血而死。」蓋亞的反應是「別耍白痴了，他又不會死，你們這些蠢貨；他不會死，只是沒辦法再當任何小混蛋的父親而已，謝天謝地噢。」他們全部朝彼此使眼色，因為蓋亞從不罵髒話，最近卻罵個不停，所以她一定失去控制了。（這也沒發生過，因為她可是堂堂大地之母，任何事都處之泰然。）「也是個美人兒」，克洛諾斯心想。

同時間，烏拉諾斯的血聚積成池，非但沒有凝結，還噴出一群生物，他們塞爆房間，就像變裝派對的誇張賓客。有巨人厄里倪厄斯（Erinys）（也稱為孚里埃〔Furies〕，蝙蝠貌的生物，聚集在犯罪現場要求復仇，對克洛諾斯而言頗有預示的意味），還有墨利埃（Meliae，梣樹仙女）和忒爾喀涅斯（Telchines，半狗半魚的海巫師）。大家都不知所措。因為就某種角度而言，他們是一家人——我的意思是，他們都從烏拉諾斯的血中冒出來，所以這只是一種新型態的懷孕生子。老實說，這一切實在有點棘手。

喧鬧之中，沒人看見切下來的陰莖掉入下方的海中，或是聽見陰莖撞擊水面、激起蕩漾水沫時的嘩啦聲。他們不知道阿芙蘿黛蒂（Aphrodite）即將誕生。我很確定你們都看過維納斯（Venus，她的羅馬名字）的畫像——美麗的女神站在蚌殼上赤條條從海中升起？嗯，她其實是騎在一根老二上，而海浪的白色泡沫則是……好，我讓你自己想通。

一個初始存在的生殖器被砍下，愛神於焉誕生。

隨你們怎麼想吧。

2

克洛諾斯有個預言方面的創新解決方案

前情提要：烏拉諾斯剛被他兒子去勢，其他家人來到現場，有些血親從他的血中迸出來，所有人都像無頭雞一樣跑來跑去對彼此大吼大叫……奧林帕斯（Olympus）日常的一天。

獨自站在角落的是克洛諾斯。他大受打擊。他沒認真想過切掉老爸的老二會造成什麼心理上的後果。持平來說，他一心只為了討好老媽。問題是，蓋亞在實務方面確實很棒，但她從來就不吃「心理學胡說八道」那一套——她總是告訴她的孩子：「動手做就對了。」果然，置身混亂之中的她，這會兒就是在包紮丈夫流血的殘株。可憐的克洛諾斯無法承受。他差點為了她而弒父，他這輩子永遠都會作離體老二的噩夢，而她甚至沒費心過來道聲謝。

於是他心想「我來讓她看看」，然後想起看老爸這麼做過，他也有樣學樣拿起酒杯，用湯匙敲了敲，「嘿，大家！」不過他太小了，而且房間裡又擠又吵，沒人注意到他，於是他站上一張椅子，大吼：「喂！」

嘰嘰喳喳的說話聲平息。

「謝謝各位。如果你還不認識我，我是克洛諾斯。我就是切掉爸老二的那個人。」他揮揮染血的鐮刀以示證明。「我可以告訴你們，這事不簡單，事實上造成非常大的創傷。不過現在，我就是他的繼承者，也就是泰坦之王！呀呼嗚嗚嗚嗚！」

一片死寂。他的哥哥姊姊開始嘲弄他。泰美斯說：「事實上繼承法不是這樣運作的。」蓋亞要他冷靜、像個大人一點。烏拉諾斯蹣跚站起來——大費周章啊，因為他失血過度，蓋亞也還在幫他包紮——他說沒老二不代表不能繼續統治（不過當然了，也不代表可以讓女人來統治），泰美斯吼道：「所以你要當個無屌獨裁者[1]？」所有人哄堂大笑，只有烏拉諾斯除外。少了最愛的附屬肢體，他突然覺得非常脆弱，心想「我真的想要承擔管事的責任嗎？我何不提早退休？我一直都想出去巡航，看看這個世界。」因此出乎所有人意料的是，他只是聳聳肩，說：「很公平，克洛諾斯。」然後又坐了回去。

克洛諾斯無比興奮。諸神之王耶！哇嗚！他整整一星期都腎上腺素高漲。他覺得大獲全勝，他的反應是，「知道嗎？我現在是王了，我想怎樣就怎

1. 本書註解全為譯註：Dick-less-tator 來自 dictator 獨裁者。

樣。」他吃了跟體重等重的蛋糕，買下父母不曾買來給他當耶誕禮物的玩具，一連玩Xbox七十二小時，下單買私人噴射機，最後決定他需要一個妻子。

他集合他的手足，問他們：「你們誰想嫁給我？」這有點像英國實境節目《戀愛島》（*Love Island*），只不過，當然了，他們都是親戚，而這種事在戀愛島上可不常見。所有人都有伴了，只有雷亞（Rhea）除外。因此他就跟她配成一對。她是姊姊中最安靜（也最高）的一個。她的名字就字面上來說是「流」的意思，運氣真好，因為無論她喜不喜歡，她都必須與這個名字為伴。因此這兩個神結婚，過程一切順利，除了親吻新娘時克洛諾斯必須站在箱子上，但他們沒讓其他人發現。他們兩個統治泰坦（其實主要是克洛諾斯統治，因為雷亞太忙於照料孩子），他稱他們在位期間為黃金時代，因為形象好，聽起來也比後烏拉諾斯時代好。

克洛諾斯再次把百臂巨人和獨眼巨人這些比較小的手足關起來，藉此展開他的黃金時代。我的意思不是說他有矮子症候群之類的，不過這個舉動確實有點過激。他甚至還聘請一頭名叫坎婆（Campe）的龍看守他們。坎婆並不特別娘娘腔——他身上丁點閃爍的鱗片也沒有，而且嚇人得要命。蓋亞大發雷霆。她好不容易終於有機會專注於她的流蘇花邊和菜圃，她的後代卻又被關進她體內，她又回到原點。她對她最小的兒子吼叫：「所以我才想要烏拉諾斯受懲罰，你這呆瓜！你怎麼會蠢成這樣？」克洛諾斯討厭她大吼大叫。他在她面前縮起身子，試著道歉，但她那令人全身無力的胃抽筋又大張旗鼓地回來了，蓋亞需要拿某個人來出氣。她告訴他，他會像他爸被他推翻一樣，也被自己的兒子推翻。克洛諾斯膽戰心驚，蓋亞的反應是：「噢，不好意思，我沒告訴過你嗎？」克洛諾斯說：「沒有。」她的反應則是「喔噢！」

對克洛諾斯而言，不幸的是，結果砍掉老爸的陰莖效果等於他的威而鋼，而因為雷亞本身是生育女神，他沒費太大勁兒就讓雷亞懷孕了。她生下五個孩子：赫斯提亞（Hestia）、黑帝斯、狄密特（Demeter）、波賽頓和希拉。克洛諾斯極度渴望戰勝他母親的預言，因此吞下自己的所有孩子。他原本可以放過女兒們，但是面對現實吧，如果不幹得徹底，那他就什麼也不是了。雷亞氣壞了。她完全不把預言當一回事，認為克洛諾斯早該在隨便砍掉別人老二之前就先想想命運這檔事。克洛諾斯試著把自己的行為解釋成是在負起照顧小孩的責任，但雷亞不買帳。她的職稱是「諸神之母」，但若他們都在克洛諾斯肚子裡，她實在沒太多其他事可做，因此有很多時間陰謀策劃。她的第一步是打電話給她媽……「他又吞掉另一個了！」

蓋亞勃然大怒（還真是令人意外啊），她才想花些時間陪陪最新誕生的孫子呢——剛為她做好一頂可愛的麻編帽。雷亞跟蓋亞告狀，說克洛諾斯笨手笨腳，又蠢又自私，是時候給他一點教訓了。因此她們一起想出一個計畫。雷亞又懷孕了，雖然，說實在的，我不知道克洛諾斯在想什麼，除非他現在愛上年幼神祇的滋味了。這一次，雷亞告訴克洛諾斯她要去克里特島（Crete）的艾達山（Mount Ida）待產，因為她讀到那裡有一種新的冥想生產法非常受歡迎。克洛諾斯沒抱怨——他看他老婆生產五次了，而這種事連看一次都嫌多。因此雷亞得以在克里特島度過無憂無慮的兩個月，在那裡吃了一桶又一桶的鷹嘴豆泥，之後生下一個漂亮健康的男孩。她將小孩命名為宙斯，把他交給一個照顧小孩的仙女阿瑪爾忒婭（Adamanthea），而她的反應完全就是：「對對對，我很會照顧小孩，不用擔心——我是那種天生母性的人。」不過雷亞一離開，她就用一根繩子把宙斯掛在樹上，他才不會亂跑。

總之，雷亞回到家，克洛諾斯的反應是：「妳看起來真不錯。」她回應：「這次的生產體驗真的很正面。」他接著說：「太棒了，那嬰兒給我吧。」雷亞說：「沒問題，親。」隨即把一顆襁褓中的石頭交給他。而因為神常常生出一些奇奇怪怪的東西，克洛諾斯連問都沒問，就這麼一口吞下石頭，從此拋諸腦後。

宙斯大概十六歲時，雷亞打了通電話給他，對他解釋她其實是他老媽、照顧他的仙女其實只是保母，然後她跟他說他老爸是如何混帳到極點。她給他幾分鐘消化，然後要他去找他父親報仇、拯救他的兄弟姊妹。宙斯欣然答應——畢竟，他這輩子大部分的時間都掛在一棵樹上。他告訴她，他持續健身，而且事實上，就在那天早上，他看了一眼自己的倒影，覺得體能狀態好得不能再好，所以他很興奮真正有機會鬆鬆筋骨。「很好！」雷亞說道，但不太確定他到底是不是在冷嘲熱諷。

於是宙斯回到奧林帕斯，在前往克洛諾斯的宮殿途中遇上墨提斯（Metis）；她是俄刻阿諾斯和泰西絲（Tethys）的女兒，因此算是宙斯的堂／

表兄弟姊妹[2]，她問宙斯要上哪去？「我要去找我父親克洛諾斯復仇」，他說道。墨提斯跟這位叔伯的關係向來不好，因此她的反應是「酷噢，你打算怎麼做？」宙斯這才發現自己一點頭緒也沒有。於是她說：「你何不先來我家，我們好好討論？」宙斯現在就已經是個徹頭徹尾的色鬼了，因此表示：「哇嗚，好啊，稍微繞點路，但完全沒問題。」於是他們回到墨提斯家，她帶他到她的房間，並說：「在這裡等。」然後走進浴室不見人影，宙斯的反應是：「好啊，要來囉。」

墨提斯再次回到房間時，發現宙斯赤條條躺在她床上。她避免眼神交會，說道：「我只是去拿這個。」同時拿出一個小藥瓶。「裡面裝著能讓任何人不舒服的催吐劑，不過或許你也在他面前脫光就好，因為對我來說效果一

2. 因為他們的父母全部都是兄弟姊妹，所以宙斯和墨提斯既是堂兄妹也是表兄妹。

樣。」她作嘔。十六歲還剛好是她表親的人光溜溜在她房裡，對她來說實在行不通……還是行不通。

宙斯無法抵抗免錢的東西，因此忽略她的譏諷，一把抓住藥瓶啜飲了一口。墨提斯的反應是：「你為什麼要喝下我剛剛才跟你說會讓你嘔吐的東西？」宙斯在天崩地裂地吐出來前還勉力擠出回答：「妳有可能是在騙我。」等到他終於停止嘔吐，他的反應是：「哇嗚，這東西真是天才——策略性嘔吐——好耶……」他收下藥瓶準備離開，一面說著：「我會實現我們的計畫！」她則表示「或許還是先穿上一點衣服吧。而且其實我還沒跟你說計畫是什麼。」宙斯則說：「等等，計畫不就是吐得爸滿身都是然後嘲笑他的反應嗎？」墨提斯嘆氣，感覺這將會是漫長的一夜。她叫他回來坐下，然後說出推翻克洛諾斯的計畫。（她絕對沒有因為克洛諾斯是個白痴、讓他統治冒犯了她的邏輯感受，再加上她現在覺得白金時代〔The Platinum Age〕挺不錯，所以花了好幾週的時間思考這計畫。）

於是衣服終於都穿回去的宙斯溜進克洛諾斯的宮殿，他看見的第一個人是雷亞，他心想：「哇嗚，又一個火辣美女」，雷亞心裡則想著；「哇嗚，我怎麼之前都沒注意到他？」現場電流亂竄，接著她稍微瞇起眼，看著宙斯，然後莫名地，不知道耶……姑且稱為母親的直覺吧，她說：「你是宙斯？」宙斯表示：「對啊。」雷亞表示「我是你母親。」宙斯的反應則是：「是喚，所以咧？」雷亞的反應是：「我的老天爺，你跟你父親根本一模一樣……」到了這個時候，宙斯才想起他任務在身。

雷亞帶他去覲見室，克洛諾斯正在這裡接見臣民。宙斯大失所望——他爸比他想像中矮好多，而且長得不像他那麼好看，蒼白又一臉病容，更別提還非常、非常浮腫。克洛諾斯好運降臨，因為宙斯就要出手幫忙解決浮腫問題了……他假扮成斟酒人呈上催吐劑。有個不知打哪來的陌生人出現自己家，還拿東西給他喝，克洛諾斯居然一點警覺也沒有。他甚至沒問瓶裡是什麼，就這麼一口飲盡。克洛諾斯幾乎立刻開始吐。宙斯即時退後了幾步……克洛諾斯以倒反的順序把他的孩子吐得滿地都是：首先是石頭，然後是希拉、波賽頓、狄密特、黑帝斯，最後赫斯提亞。他們全部都在克洛諾斯的肚子裡持續成長（石頭除外），長成形體完整的神祇，而且除了一點點嘔吐物的味道，還有對那石頭有種不健康的依戀，他們都健康、健全，準備好要融入社會了。

宙斯則是準備好要來喝一杯慶祝（以及打一炮），但是他媽和他奶奶知道，一旦克洛諾斯停止噁心想吐，他會把他們全部殺掉。她們叫宙斯釋放百臂巨人，他表示：「沒問題」，隨即殺了看守的龍，然後對獨眼巨人和一百隻手的傢伙們說：「高貴的親族啊，你們是否願意幫助我終結這個屬於我爸，也就是克洛諾斯的宇宙？」他們的反應是：「克洛諾斯？我們討厭那傢伙，我們當然願意幫助你。」宙斯沾沾自喜，因為他從小到大一直以為自己是獨生子，這會兒突然冒出一票酷手足和一幫恐怖的叔伯站在他這一邊。此外，結果獨眼巨人一直以來都善用他們在監獄中的時光，成了技藝高超的工匠。他們為宙斯鍛造雷電，為波賽頓打造三叉戟，還為黑帝斯打造黑暗之盔；他們解釋道，這些都是超酷的武器。宙斯把武器拿去給兄弟們看，他們表示：「哇嗚，感激不盡，好酷噢」，卻發現自己完全不知道該如何使用，因為他們這輩子都待在某人肚子裡，而且事實上根本不太確定那些東西到底是什麼。

宙斯看出他們的困惑，感覺有點糟，因為要不是他媽決定他是她最愛的一個孩子，他自己也有可能像他們一樣被關在某人肚子裡，因此他表示：「諸位兄長，我們一定能弄明白的」，黑帝斯和波賽頓的反應則是：「哇嗚，宙斯真的好會鼓勵人。」持平而言，他們的標準很低，主要還是被關在某人肚子裡的緣故。他的姊姊們也開口了：「喂，那我們呢？」宙斯正要說她們啥也拿不到（女人在希臘神話中備受忽視），這時他聽見他爸叫喊，也聽見軍隊逐漸靠過來。他看著黑帝斯和波賽頓，而他們沒再多說一個字，隨即抓起武器跟著小弟開始認真地踢泰坦們的屁股。

這就是泰坦之戰（Titanomachy）的開端，一場長達十年、諸神對上泰坦的大戰：神話中，宙斯只有幾次並不真的那麼混帳，這就是其中之一。

3 宙斯克紹箕裘

於是，諸神與泰坦之戰全面展開（順帶一提，諸神是好人）。這是希臘版的《復仇者聯盟》，只是頗令人困惑，因為老實承認吧，泰坦聽起來很酷。不過我們應該要幫諸神加油才對。帶頭的是宙斯——他的指尖有閃電。不誇張，他年輕、健壯迷人。（如果這是復仇者聯盟，他應該會是索爾〔Thor〕——不過那是另一個時代的另一個神話。）相對來說，你還記得的話，泰坦則是由宙斯的老爸克洛諾斯統領。這傢伙矮小又無趣，素有讓老二掌管一切的名聲。謠傳諸神得到免費健身房會員和治裝費等額外補貼，還舉辦狂野派對，免不了又是一些酒池肉林。有些泰坦覺得這聽起來更好玩，因此投奔敵營，墨提斯也在其中——她給宙斯靈藥，讓他爸把他兄姊都吐出來的那一位。墨提斯是智慧之母（Mother of Wisdom），她也名副其實。她聰明又野心勃勃，很快便發現自己已經打進宙斯的核心集團，成為諸神隊的首席謀士（這個隊伍T恤等樣樣不缺）。她知道戰爭不只是比誰肌肉大而已。有了她的戰術，諸神漸漸占了上風。

宙斯發現自己幻想起與這位首席謀士初次見面時的悸動喘息。他決定在午餐前把她困在走廊角落。

「嘿，墨提斯，真高興妳在這裡工作，有妳加入真的很棒。」

「謝謝，我樂在其中。」她微笑道。

「很好。嘿，記得我們第一次見面的時候嗎？」

他努力壓抑對她眨眼的衝動。

墨提斯不懂他為什麼斜眼看人。

「真是亂七八糟啊！」宙斯繼續說下去。「我居然以為妳是邀請我回去做色色的事！」他大笑，雖然就他而言，上次根本未完待續。「不過無論如何，我在想——妳和我悠悠閒閒吃頓午餐怎麼樣？」這次他真的眨眼了。墨提斯非常喜歡她的新工作，因此她說：「不了，我覺得那樣做不恰當。」

宙斯不習慣被拒絕，尤其是被女性拒絕，但是，嘿，他喜歡追求。他發現討論敵方戰線和傷亡人數時很難調情，因此設法讓墨提斯落單——安排一對一商討「重要作戰指示」，要她提出個人評估討論「急需處理的議題」。其他神立刻看穿——他們已經習慣他的把妹把戲——不過這次情況更危急。他們不能冒險讓首席謀士分心，於是他們向宙斯抗議。

「好大的膽子，你們竟敢暗示可能發生災厄！」他吼道。

黑帝斯表示：「你真知道那是什麼意思嗎？」宙斯的反應是：「對，我知道，哥德頭，而且提供你參考噢，我跟墨提斯之間沒什麼，而且你忘了嗎？我們正在打仗耶！」其他人畢竟是因為宙斯才出得了老爸的肚子，因此他們並不真的有立場吵架。不過事實上，宙斯根本神魂顛倒——原本只是感覺像肚子裡有什麼東西在拍翅膀，現在更是只要看見墨提斯，心臟再往下一點點的地方就血液全速奔湧，說真的，實在難以忽視。但是墨提斯也並非對他的魅力免疫。她一直熱中於私下和他討論一些工作相關的問題，而且也開始更注重穿著打扮。宙斯能發誓她的托加袍[3]肯定變得比原本貼身。他發現難以專注於她所說的話，因為他太忙於凝視她的嘴。終於，他再也按捺不了了，他把她誘入茶水間（或是希臘神祇辦公室裡的其他對應空間），嘗試親吻她。墨提斯勃然大怒。宙斯大吃一驚。他不知道她不接受婚前性行為。

於是宙斯向她求婚，而墨提斯說「**好**」並哭了出來，因為她從還是個青春期前的泰坦時，就開始夢想著一場白色婚禮。她對餐具已經有一些超棒的想法。她想要一套結婚禮服，還要女子單身派對，而且樂於花幾週的時間為上述的餐具辯論，但是宙斯堅持他們低調一點，去戶政事務所登記就好，畢竟現在可是戰爭時期。他還堅持要她辭職別工作了；首先這完全就是性別歧視，再者還白痴至極，因為他們在這場戰爭中仍占上風的原因屈指可數，而墨提斯的智慧正是其中之一。

這會兒，墨提斯不再是他的首席謀士，反倒成為他的妻子，因此她熱蠟除毛，穿上由他購置、稍微有點低俗的紅色內衣，等他來新房圓房完婚。他也這麼做了。快速俐落。經歷戰時辦公室戀情的所有高濃度情緒，有一種彷彿觸摸得到的反高潮感。說實在的，墨提斯稍微有點受騙的感覺，宙斯也發現跟首席謀士做愛其實就和跟其他人做愛差不多。不僅如此，他還想起一個自從墨提

3. toga，具羅馬公民權者方能穿著的古羅馬男性服飾。

斯加入諸神隊後就廣為流傳的預言：有關墨提斯和宙斯生下的小孩都將極為強大（嗯，當然囉），尤其他們的第二個孩子將**如此**強大，最後將推翻宙斯本尊。宙斯一直把這當成嫉妒的八卦，現在卻感覺無比可信。事實上，他越是想，越是納悶自己怎麼會忘了這個預言……因此這會兒，在頗令人失望的性愛之上，宙斯還萌生巨大的悔意，毀滅感也慢慢逼近。因為他們顯然沒做任何預防措施。除非他能溜去藥房買些事後藥……

但這是古希臘，而非基爾福（Guildford），因此宙斯決定去尋求祖父母的建言。他們自己也經歷過類似的情況，而且現在閒著沒事。我的意思是，又不是說他們還能繼續生小孩。他們喝茶，宙斯稱讚蓋亞的菜圃，問烏拉諾斯的高爾夫球差點[4]是多少，禮貌地吃下他們的過期消化餅，慢慢把話題帶到墨提斯和可能的後代。儘管任何有關性交的話題都依然令烏拉諾斯傷心，他和蓋亞仍耐心聆聽，沒說出：「你又讓你的小頭管大頭了是吧，宙斯？」或是「為什麼你就是不能叫你的老二乖乖待在托加袍裡呢？」諸如此類。他們只是鼓勵地點頭。宙斯最後說：「所以你們覺得我該怎麼做？」蓋亞啜了一口茶，等烏拉諾斯吃完最後的消化餅才開口：「騙她。」天才啊。宙斯怎麼沒想到呢？他跟他們兩個擊掌——天啊，他的祖父母真酷。

同時間，墨提斯還在床上努力避開宙斯留下的大片精液漬，一面努力接受她丈夫圓房之後所做的第一件事是跑去找他祖父母，彷彿他命懸於此。壞兆頭。而且她還為了他放棄她的工作！她考慮靠大吃大喝改善心情，但依據經驗知道這樣做不會有好下場。她正要起來洗澡時，宙斯回來了，而且看起來不再那麼焦慮。他向她問好，她回以「我很好」，儘管她顯然非非非常不好。

4. 計算業餘高爾夫球手潛在實力的數值。

然後他說：「墨提斯，妳知道妳的變形有多厲害吧？」

墨提斯翻白眼──又來……

「妳能變成蒼蠅嗎？」

「該死，宙斯。我聽過戀物癖，但這太變態了。除非你只是想壓扁我……」

宙斯大笑，但其實沒必要笑那麼久。

「哈、哈、哈哈哈哈，噢，不是啦，**當然不是**，我才剛跟妳結婚耶！」

一陣尷尬的停頓。

「不過說真的，妳能變成蒼蠅嗎？」

「你有什麼毛病啊？」

「沒事，算了。」

另一陣尷尬的停頓。

「只是……」

「只是……怎樣？」墨提斯問。

宙斯深吸一口氣。「只是前幾天幾個傢伙在聊，說妳真的很聰明之類的，不過實際上妳的變形技巧有點，欸……」他聳肩。

「哪些傢伙？」

「我現在記不清楚了。我想應該是……呃……可能是波賽頓吧。」

「他真會惹是生非。」

宙斯點頭。「沒錯。我跟他說了，我說我的墨提斯想變成什麼就能變成什麼。我看過她在一毫秒內從獅子變成蒼蠅……」

「你才沒看過。」

「我知道，但我確信妳做得到。」

然後宙斯挑起一邊眉，斜眼看她，一副就說妳不行的樣子。

墨提斯說：「你這個大混帳！」

但她在微笑，而儘管她應該是智慧之母，基本上擁有一顆超級腦袋，她抗拒不了炫示的衝動，尤其是在新婚丈夫面前，因此她變成蒼蠅，而宙斯一口吞下她，因為希臘諸神都這樣解決問題——如果你不喜歡某人，那就把他們關進你體內。

不久後，諸神在泰坦大戰中受到幾次重創，宙斯開始覺得這或許跟他吞下他的首席謀士有點關係。除此之外，他最近還常常嚴重頭痛。當然了，他早該學到教訓的，吞下神祇並不會殺死他們；就像他的手足在克洛諾斯腹中成長，墨提斯也繼續在他體內成長。她肚子裡的寶寶也是。因為她當然已經懷孕。試管受精這個話題在奧林帕斯山不太熱門。宙斯的頭痛越來越嚴重，但他還是沒想通，他現在就是一個神之俄羅斯娃娃。

幾天後，宙斯的頭痛變成火力全開的偏頭痛。他無法看亮光處，而且感覺想吐——雖然把憤怒的妻子關在自己肚子裡，但他可不想要出現這些症狀。

就連最強效的消炎止痛藥也沒用。他一心只想找個黑暗的房間躺下，不過泰坦大戰持續延燒，如果他龜縮在房裡的事傳出去，對士氣一點好處也沒有。

因此他堅持下去，痛得皺起臉，一直拖到他再也無法忍受。他覺得他的頭就要名副其實地爆炸了。這時他們正在某場重要戰役當中，但宙斯不管了。

「切開我的頭！」他尖叫。

沒人理他。這種戰吼很怪，不過宙斯就是這麼怪。

「我說切開我這顆該死的頭！」

這下引起他們注意了。

「來人！」

他們遲疑。

「**誰來都行！**」

好吧，他是認真的。

諸神領悟這可能是他們合法毆打老闆頭部的唯一機會，他們略微蜂擁而上，而宙斯看起來有點不爽；所有人吵吵鬧鬧地要切開你的頭，換作是你，你多半也會這樣。結果呢，不太確定最後擊中他的到底是誰，總之有人成功了，宙斯的頭裂開，跑出來的東西不是大腦和血，而是雅典娜，戰爭與智慧的女神，已長大成人，而且一身戰裝。難怪宙斯頭痛。

宙斯沒事，因為要想殺死他，光是用鋒利的斧頭劈開他的腦袋是不夠的，而且——雅典娜好辣！這有點令人不安，因為她才剛從他頭顱中冒出來，而且看起來很像被他吞下肚子的妻子。因此他只是瞠目結舌看著她。而她表示：「天殺的，你是智障嗎？你不能靠把人吞掉殺死他們，這樣行不通的。你應該知道的啊，因為你自己也差點被吞掉。順帶一提，媽跟你說嗨。她剛開始因為被騙有點不爽，但她現在覺得要及時行樂，誰需要男人？她此時的人生再好不過了。」

只不過，雅典娜實際上並不是這麼說的——她無聊多了，而且中規中矩。她開始對宙斯說教，告訴他戰爭的技巧，還有他們之所以輸給泰坦，是因為他們完全沒有一套條理清楚的戰略。看吧，她不只非常迷人，還繼承了她母親的腦袋。（仔細想想，為什麼沒人懷疑過，智慧之母這個稱號可能就是字面上的意思？）

智慧的象徵加入諸神的陣營後，他們開始轉運。事實上，在雅典娜的幫助下，他們打贏了這場仗；而宙斯雖然花了一些時間才習慣有人叫他爸，他對這個女兒還是驕傲得無以復加。或許他該讓更多女性懷孕並吞下她們？第一次的結果算是相當不錯呢。不過他依然偶爾頭痛或胃抽筋，所以他想或許還是算了吧。他原本就必須在每一次宿醉時抵擋把墨提斯反芻出來的衝動了。他不能冒險讓第二個孩子誕生，因此他把墨提斯穩妥地關在他腹中。這對墨提斯來說

4

用「混帳」稱呼這位老兄或許不夠強烈

奧林帕斯諸神終於打贏泰坦大戰，大部分要歸功於雅典娜。別會錯意，宙斯的雷電很有用，不過往往看見漂亮的奶子就點不著，而且，如果你的戰略只奠基於引發雷爆，那麼敵人只要審慎使用橡膠，你就玩完了。因此沒錯，如果沒有雅典娜，他們可能贏不了，不過現在新的麻煩又來了——換誰當家？

宙斯頗快速便解決這個問題，他的做法是問：「好啦，誰老二最大？」他們都低頭量起老二長度，而宙斯險勝。他接著說：「那就這樣囉，是我，而且是我拯救你們，你們才不用一輩子被關在克洛諾斯肚子裡。」但是雅典娜表示：「你不能把整個政府奠基於你的陽具大小和過往榮耀。」宙斯的反應是：

「要來打賭嗎？」

他用一套說詞安撫他的哥哥們：「聽著，不要有怨念喔，我讓你們選擇自己的轄區。噢，天空除外，因為天空最強大，而且我已經先選了。因為我是老大，記得嗎？」

波賽頓拋開恐懼並說：「老弟，我完全沒問題，我對權力實在沒什麼興趣。我的波長不一樣，所以我要選海洋，兄弟。」

接著黑帝斯透過劉海窺看，咕噥著說：「太棒了，所以我只剩渣滓。還真感謝噢。」說完便拖著腳步往冥界去了。

宙斯這輩子之前的時光都掛在樹上和對抗泰坦，現在終於能夠隨心所欲。因此當雷亞在八卦小報上讀到她兒子「**時時刻刻都想來一炮**」，她並不意外，只是感到失望。她責怪他父親、他祖父，事實上——家族的那一邊沒人尊重女性。宙斯完全克紹箕裘，已經因無法控制自己老二而出名——他離開子宮的時候多半想著：「要命，雷亞，妳的下面真是了不起，介意我再來一次嗎？」布蘭妮（Britney Spears）的《愛情玩咖》（*Womanizer*）根本就是在描寫他。

不過當宙斯初次見到他的手足，有一個人便緊緊抓住了他的視線（理所當然會是他的其中一個手足），那就是希拉。只有她對他不理不睬，幾乎就像她主動討厭他。我知道，不可能！自然而然地，她的輕蔑只是讓宙斯對她更加入迷，他決定她就是他要結婚的對象。不過出現一個小阻礙：他在家族聚會喝得爛醉，搞上狄密特。他說是因為喝醉才誤把狄密特當作希拉——如黑帝斯指出，這對姊妹一點也不像。狄密特體型矮小、滿身刺青，希拉則一頭金髮，貌似亞馬遜女戰士。

「她們唯一的共同點，」黑帝斯對他的兄弟說道，沒隱藏他的輕蔑，「是都有一對奶子。」宙斯叫他去死。他覺得試車總是有用，而就像他已經原諒自己，希拉肯定也會原諒他。然而希拉一點也不想嫁給宙斯。他是臭屁的小弟，而且對他的前妻一點也不好。他甚至逃過被他們老爸吞下肚的命運，因此他們之間沒有任何連結。況且，狄密特幾個月來都在猛烈抨擊宙斯有多垃圾。神之精子讓她懷上孩子，而他甚至連超音波照都不願意看，更別提跟她一起去上產前課程。因此，當宙斯向希拉要裸照，希拉叫他把老二伸到太陽照不到的地方去，尤其最好離其他家人遠一點，或是動物，她想起最近的八卦頭條，又補了一句。

宙斯大笑——他的自我意識太高漲，無法相信他的姊姊居然沒愛上他。他對她說：「妳只是故意對我很壞，藉此吊我胃口。」希拉的反應是：「沒，我絕對沒有。」但是她也知道，他完全不懂單相思是什麼概念，因此她徹底避開他。她改變固定行程以免不小心遇上他，改在不同時間用餐，也換去新地點沐浴。因此宙斯加強力道。

宙斯知道家庭對希拉來說真的很重要，因此他邀請所有人去他家吃晚餐。雷亞很興奮——她不記得上一次受宙斯邀請是什麼時候的事了。他決心讓希拉對他的招待技巧留下深刻印象，因此他安排了三道菜的菜單，渾然不知這會有多費工夫。為了讓自己有點概念，他看了不少《誰來晚餐》（*Come Dine With Me*）。賓客抵達時，他幾乎沒時間換上乾淨的衣服，更別提設好情境燈或想好有趣的話題。他無須費心——結果跟他的核心家庭成員聚餐根本就是個大地雷。他爸在桌子另一端擺臭臉，還因戰敗而忿忿不平，他之所以出席，完全是因為雷亞逼他；狄密特大腹便便，懷著宙斯的私生子，也在對面對著他擺臭臉。波賽頓通常都是宙斯的精神支柱，但是他今天情緒壞到極點，因為宙斯忘記他是魚素主義，他拒吃宙斯花了八個小時慢火熬煮的紅酒燉牛肉。雅典娜和阿芙蘿黛蒂輪流教育其他人，分別講述賴比瑞亞的軍事凝聚力和使用不含矽靈護髮產品的重要性，同時黑帝斯滔滔不絕地談論死亡。赫斯提亞從頭到尾都在講電話。而希拉如常忽視他。宙斯打定主意絕對不再辦什麼家庭聚餐。

然而幾天後，他收到希拉寄來的卡片，上面寫著：「謝謝你安排了這場美好的聚餐」，還有「我們一定要更常聚聚」，宙斯的反應是「哇嗚，**得分！**」然後急匆匆跑去找希拉，豈料希拉卻表示：「親愛的，我只是禮貌性說說而已。」宙斯的反應是：「噢，去妳的！我才不管什麼禮貌，我要照我的方法來。」

一天晚上，希拉例行出門散步（避開宙斯），卻遇上滂沱的大雷雨。她心想「該死，我只有這件好的夏季洋裝，而且今天早上才把頭髮拉直耶。」不過身為一個非常務實的神，她找到一棵能夠遮蔭她的樹，決定在樹下等雨停。

她突然想到，趁她在外面散步引發大雨，完全就是她弟弟可能會玩的幼稚把戲，但她又推開這想法，覺得自己太偏執了。等待的過程中，她看見一隻看似在風雨中受傷的杜鵑鳥，她忍不住輕輕捧起鳥兒，小心地把牠帶到她躲避風雨的樹下，把牠抱在她（豐滿）的胸前給牠溫暖。她不知道的是，這隻杜鵑其實是宙斯的化身，而他一竄到她雙乳間……

情緒觸發警告——因為宙斯就是從這裡開始，從一個混帳變成該死的混帳……他變回他自己，強暴了她。幹得好啊，宙斯！他一度試圖為自己辯解，說他太愛希拉，看見一身濕背心裙的她令他失去控制，不過波賽頓說：「哇嗚，那麼大的雷雨下在這麼局部的地方還真不尋常。」宙斯忍不住得意洋洋地炫耀他是怎麼把希拉誘入雷雨中。可憐的希拉崩潰了（她向來堅決反對婚前性行為。事實上，她算是發明了這整個概念，還小題大作到誇張的程度——基本上成了她的商標），因此當她打開她家前門，看見在外面紮營的狗仔隊，這是

「聽著，我很抱歉！」宙斯喊道。「真的很抱歉！但是妳不覺得妳稍微有點反應過度了嗎？」

「每份報紙上都有我的照片！」

宙斯翻白眼。「噢，少自以為是囉，妳已經過氣了。而且相信我，就算妳還沒過氣，妳現在這模樣，他們也不會想再刊妳的照片。」

他彎腰躲避另一個飛過來的酒瓶。

「不過聽著，我來這裡不是要跟妳談這個！聽著，我對於發生的事覺得有點罪惡感，媽也氣我氣得要命，威脅要砍掉我的繼承權（不過至少她不是威脅要砍掉我的……妳知道的）。我在想……我們應該結婚。」

「**滾——出——去！**」

宙斯離開，但是對自己感到非常滿意——他不只完成了老媽交代的任務，希拉可能還會因為被求婚而開心一整天。

另一邊，希拉整整四十分鐘都在對著無人的房子叫罵她弟弟「**真是一個令人無法忍受的該死混帳**」。不過隨著龍舌蘭酒勁退去，她慢慢冷靜下來，考慮起宙斯剛剛的提議。她朝鏡子快速一瞥——不是她的最佳狀態——她也必須承認，她現在選擇相當有限。她需要的是分手後的「煥然一新」，但是然後呢？而且諸神之王「剛剛才跟她求婚呢。」希拉思考自己成為諸神之后後將如何位高權重，還有她對宙斯本人的權力。她開始微笑。她可以讓他的生活變成地獄……唯一的缺點是她等於嫁給當今世上最爛的混帳。只是……如果她終究要嫁給一個兄弟，她絕對寧可嫁給宙斯。至少他身材健美，對自己的外表也相當自豪（不像波賽頓），實際上也不住在地獄（不像黑帝斯）。而且又不是說她必須喜歡他。一時衝動之下，她傳訊息給宙斯說**好**。

這可是奧林帕斯的大事！雷亞立刻火力全開，著手安排一場盛大的婚禮。她很高興——她的小孩要結婚了，不只一個，而是兩個，而且是跟彼此結婚，萬歲！整個自然界為這幸福快樂的一天綻放生機，大家交換禮物，因為這當然讓一切好上加好。身穿白紗的希拉令人傾倒，身穿兩件式托加袍的宙斯看起來不太舒服（但無可否認還是很帥）。儀式美得令人感動。宙斯說「我願意」前停頓了一會兒，與會賓客全體暫時屏住呼吸，但他最後還是把那三個字擠了出來。希拉從頭到尾咬著牙微笑。

事後，浮誇的婚宴上，宙斯賦予希拉婚姻與家庭的管轄權，從而認定他們的故事是求婚與婚姻的健康典範，值得所有希臘人學習。他舉杯敬他的迷人新娘希拉，以及「許多許多年的玩樂時光」。

希拉乾杯，心想──「親愛的，你什麼也不知道呢。」

5 身為混帳具傳染性——希拉也加入了

所以，希拉嫁給宙斯，而她應付得不錯。說她過得一帆風順那就是在說謊，但她戒了酒，努力專注於自己的心理健康。她開始做瑜伽、戒糖，花很多時間在波賽頓送給他們當作結婚禮物的浴盆裡泡熱水澡。不過突然發現自己有個長大成人的繼女肯定很難接受。尤其到處有人說她「具王后風範」，實際上妳才是貨真價實的王后本尊。因此，儘管希拉知道自己不該討厭雅典娜，她內心的一小部分就是無法遏抑。再加上宙斯崇拜他女兒。希拉才是婚姻與家庭的女神；她才應該擁有完美的孩子，她卻根本沒懷孕。真丟臉，而且其他人開始嚼舌根。因此她決定她要生下一個孩子；跟這個孩子相比，就連自以為是的雅典娜也會相形失色。這意味著要容許宙斯進她臥房過一夜，但——沒有溫存的性——當然了，她懷孕了。哇嗚，這些神繁殖力還真強大。

寶寶誕生。希拉非常激動，宙斯也是。他們將他命名為阿瑞斯（Ares），讓他當戰爭之神，雅典娜表示：「嗯，不好意思，不過已經有戰爭與智慧的女神了。」希拉的反應是「每個人都是可取代的，親愛的。」阿瑞斯讓家裡的所有人都頭痛不已——要不是摧毀物品，就是找姊姊碴；他們去外面玩時，他總是咬其他小孩或虐待小貓，或是把樂高積木塞進鼻孔。就是那種其他父母都不希望自家孩子跟他交朋友的那種小孩。徹頭徹尾的惡霸。希拉對他期望很高。她採取徹底的虎媽作風——逼阿瑞斯學小提琴、幫他找私人武術教練、年紀一到立刻讓他入伍。事實終將證明她的兒子無可匹敵。

阿瑞斯快速往上爬。他渴望在戰場上證明自己，但自從泰坦大戰，情勢變得無比和平。「只有在真正的戰爭中才區分得出男孩中的男人。」雅典娜這麼對他說，阿瑞斯的反應是「是噢，嗯，至少我是男性。」雅典娜則表示：「是噢，嗯，至少我不是白痴。」然後阿瑞斯揍了她一拳，因此雅典娜用她的盾牌重擊他的頭，阿瑞斯喊著：「媽啊啊啊啊啊啊！雅典娜打我！」喊完便哭了起來。於是雅典娜依然是宙斯的最愛，而很難說是誰對此比較憤怒——阿瑞斯或希拉。

希拉決定，如果宙斯可以在沒有她的情況下有小孩，那他媽的為什麼她不能如法炮製？而因為她是女神，這又是神話，她發現自己在沒男性涉入的情況下懷孕了。說到底，誰需要父親？

好啦，在希臘神話中，男人可以輕輕鬆鬆逃過這種事——其他神已經開始準備產前派對，但女人可不是那麼回事。如果宙斯知道，他會撞牆的，於是希拉努力保守祕密。她做得很好，成功用蓬鬆的袍子遮住隆起的腹部，直到她開始分娩，叫得超級大聲，傳遍整個奧林帕斯。宙斯及時抵達，見證她誕下一個實實在在比他們倆生平所見所有嬰兒都醜的寶寶。宙斯說：「這不可能是我的孩子。」然後用他的華麗搖滾吉他即興彈了一段。希拉只能承認他所言為真——她要為這孩子負百分百責任（除了她之外，那些基因完全怪不了其他人）。宙斯的反應是：「什麼？妳外遇？」希拉表示，「我可是婚姻女神，我不外遇的。這比較像是處女懷孕之類的。」宙斯的反應是：「妳什麼？除非算上自慰，否則不可能自己一個人做愛，而只有男性能自慰。」希拉說：「我的老天爺，難怪你床上功夫那麼爛。」宙斯大發雷霆，吼著希拉是如何不尊敬他，這件事會如何在其他奧林帕斯諸神間開先例，還有她好大膽子，竟然在他沒在看的時候划她的粉紅獨木舟[5]。他太生氣了，完全忘記寶寶的存在；這小東西這會兒正聲嘶力竭地嚎哭著。於是希拉把寶寶拋下奧林帕斯山。她想要孩子，但可不要醜小孩。事實證明混帳明顯具有傳染性。

從奧林帕斯山山頂摔下來可不是開玩笑的，大多數寶寶都會摔死，只是希拉忘了一個微小但關鍵的細節——很難殺死神。因此這個沒人要的寶寶活了下來，但身受重傷，嚴重到當他被忒提斯（Thetis）和歐律諾墨（Eurynome）兩位仙女發現時，他又變得比他出生時更加醜陋，長大後走路還跛腳。不過兩位仙女向來想要孩子，因此她們收養他，將他命名為跳著走的赫菲斯托斯（Hephaestus）。他在海底的洞穴中成長，沒什麼社交機會，因此他迷上手工藝。他從簡單的海草手環開始，很快便在海底的鐵工廠打造出驚人的作品。就連為宙斯打造雷電的獨眼巨人也加入他的行列。他們跟赫菲斯托斯一樣有一點社交障礙，比起動嘴聊天更喜歡動手，他們和赫菲斯托斯一起組成某種海底合作社。赫菲斯托斯很高興，因為他想要的其實只是尊敬和認可，不過當獨眼巨人開始說他是領養的小孩，他決定要把這個問題帶回家找媽媽。

5. 因為形狀的關係，指女性下體。

「我不是領養的，對吧？」

「你當然是啊！」仙女們齊聲說道。

「等等，什麼？妳們沒跟我說過！」他說。

「有啦，我們說過。」忒提斯回道。

「你一定是忘了。」歐律諾墨說道。

「我不覺得我會忘掉像這樣的事，媽。」

「有可能啊，因為你被從那座山上丟下來，腦子肯定受了什麼傷……」

「我被從一座山上丟下來？」赫菲斯托斯打斷她。

「肯定有些記憶方面的問題。」歐律諾墨說道。

「你接下來應該會說你不記得你媽是希拉吧。」忒提斯說道。

「**希拉？**諸神之后？」赫菲斯托斯目瞪口呆，「她是我媽？」

歐律諾墨嘆氣，「最好打電話給醫師，親愛的，情況失去控制了。」

赫菲斯托斯顯然非常不開心。他回到他的鐵工廠，獨眼巨人蹦手蹦腳圍繞在他身旁，忒提斯和歐律諾墨聽著金屬敲擊的聲音，悲傷地搖頭。赫菲斯托斯又現身時，他告訴她們，他要去奧林帕斯找他的親生家人。她們的反應並不熱烈，但是嘿，他夠大了，能夠自己作決定了，而且她們只希望他得到最好的一切。（從比喻的意義來說，赫菲斯托斯真的是在他養母這裡找到立足之地。不過顯然照字面意義來說，他當初掉下來的時候應該是頭朝下撞壞腦袋，所以應該是「立頭」之地才對。）

他們深情道別，忒提斯提醒他要記得用她幫他打包的口氣清新劑，沒過問為什麼他背上綁著一個巨大的黃金寶座，然後他便出發前往奧林帕斯。剛好，他遇見的第一個神就是希拉。「母親？」他說道，而她尖叫，因為首先，她很確定自己幾年前分明就已經殺死他了，其次，他居然比她印象中還醜。這並不是赫菲斯托斯期望中的激情重聚。然後她注意到寶座，並問他這是什麼？

他告訴她，這是他特地為她量身打造的寶座。希拉的反應是：「哇嗚，好棒噢，謝囉！請搬去那裡，我來試坐一下。」真厲害的破冰。然而她坐上去後隨即動彈不得。她的反應是：「好了喔，現在是怎樣？」赫菲斯托斯說：「妳被只有我看得見的繩索綁住了。妳以貌取人，又不愛我這個兒子，活該有這種下場。而且就算寶寶再怎麼醜，妳也不該把他從山頂丟下去。」來奧林帕斯是一段漫長的旅途，赫菲斯托斯在過程中深深探索了自我。希拉瞠目結舌。「所以這寶座是為了一件發生在……二十年前的事而復仇？我是說，你在開玩笑，對吧？」赫菲斯托斯沒說話。

於是希拉開始叫喊，她的尖叫聲引來其他諸神，他們只看見他們的王后發狂地想掙脫一張附隱形繩索的寶座。她看起來很可笑。諸神控制不了地哈哈大笑，因為他們沒見過希拉那麼蠢的樣子。雅典娜看見邪惡的繼母終於得到一些報應，感到滿心歡喜，而且折服於赫菲斯托斯的縝密計畫。她甚至朝他的方向尊敬地點頭致意；就那個時代而言，這就等於好萊塢的握手。希拉在掙扎的過程中差點把寶座翻倒。「小心椅點——妳會傷了自己的。」泰美斯就是忍不住要說點俏皮話。波賽頓則是唱起歌來：「起來，站起來，為你的權利而站起來。」[6]其他人覺得令人捧腹，所以全部跟著唱。當然了，這進一步觸怒希拉，但赫菲斯托斯堅定不移——他不知道他的寶座會這麼成功。希拉一點兒也不覺得有趣，但無論她多努力嘗試，她就是下不了這張黃金寶座。

「是噢，好，幹得好。哈，哈哈哈，哈，哈！很好笑！你玩夠了吧。現在放開我，赫菲斯托斯！」

「妳要用什麼來交換？」赫菲斯托斯問道（他還小的時候，他的兩位養母讀過很多童話故事給他聽——他知道規矩）。

6. 雷鬼音樂鼻祖巴布・馬利（Bob Marley）一九七三年的作品，收錄於《*Burnin'*》專輯。

「讓你在奧林帕斯山擁有一席之地？」

其他神沒意見——他的絕妙把戲完全贏得他們的敬意——不過赫菲斯托斯決定不要就這麼乖乖接受，「這樣不夠。妳只因為我醜就把我丟掉，把我拋下懸崖。妳必須為此付出代價！」

諸神喃喃贊同，包含宙斯在內。（順帶一提，這傢伙選擇不提起他當時無論如何終究會殺死赫菲斯托斯。）

「你要什麼我都給你，把我弄下這張**該死的**椅子就對了！」

「噢——」泰美斯說，「坐穩囉！」所有人又爆發歇斯底里的大笑。

一個迷人的年輕女神正忙著欣賞自己在黃金寶座上的倒影，赫菲斯托斯手指著她，「我要娶她！」

希拉絕望了。她這輩子沒這麼羞恥過。

「好啦！」

其他神憤怒不已……阿芙蘿黛蒂？開玩笑的吧？大家都想娶阿芙蘿黛蒂，她是美的女神——她完全就是個大美女！許多神勃然大怒，因為他們已經花了好幾個月的時間用鮮花、巧克力和Jo Malone香氛蠟燭跟她求愛，結果他們根本只要把希拉綁在一張椅子上就好？不過赫菲斯托斯形勢看漲——他在奧林帕斯有了一席之地，還獲得一個火辣的新妻子——他興奮至極。直到阿芙蘿黛蒂終於弄清楚現在發生什麼事。她大發雷霆，因此赫菲斯托斯決定讓他媽繼續被捆在寶座上一下下，他先安撫阿芙蘿黛蒂。他知道外表不是自己的強項，但是只要她見識過更多他的作品，她必定終將接受他。至於希拉——嗯，他又沒說清楚他哪時要放開她，而且她確實曾經把他丟下山……

諸神之后怒不可遏。她發誓絕對不再讓任何人這樣對待她，但是她還是得先離開這張寶座。所有人都離棄她——包含她丈夫；最後看見他的時候，他正在一棵蘋果樹下跟一個性感的仙女聊天。她泫然欲泣，這時看見戴歐尼修斯

（Dionysus）抓著空酒瓶搖搖晃晃地走過去。他們有過一段。

「嘿！如果你幫助我脫困，我會確保你得到更多那東西。」她喊道。

於是戴歐尼修斯把赫菲斯托斯灌醉，成功拯救希拉——灌醉赫菲斯托斯簡單得很，因為這是他第一次見識廉價蘋果酒——她終於能站起來了，但又立即癱倒，因為她腿麻掉，痛得要命，而且動彈不得。她癱在地上，那天第一千次咒罵她那個該死不死的兒子；她抬頭看著戴歐尼修斯，然後盡可能端出威儀，對他說：「幫我拿杯該死的酒來！」

6 妳實實在在只有一個任務——不要打開那個該死的罐子

宙斯向來熱愛奧林帕斯的所有神祇戲碼——遠比打仗好玩太多了，不過跟他同陣線的泰坦很生氣。他們吵著要獎賞（當然了，墨提斯除外，因為她還被冷凍在宙斯肚子裡）。敵方的泰坦沒來吵，因為宙斯多年前便已解決他們。雅典娜支持修復關係，因此在她的建議下，宙斯放逐阿特拉斯（Atlas），把他趕去世界盡頭永遠撐起蒼天，不過宙斯想不出其他有創意的點子，因此只把其他敵方諸神關進塔爾塔羅斯（Tartarus），就字面意義而言就是最深的地獄，比最無法無天的監獄還要無法無天。看守者是克洛諾斯——他以某種方法騙到這份工作——基本上只要被關來這裡，你就徹底完蛋了。但是所有神現在都有各自的轄區，其中有許多原本都屬於為諸神出生入死的泰坦——他們無論如何都至少應該得到退役軍人折扣和勛章。宙斯一心只想要他們離開，他才能回去嘲笑赫菲斯托斯居然妄想要阿芙蘿黛蒂真的嫁給他，因此他隨自己心意分發獎賞，所有泰坦都緊抓著禮物袋和一片蛋糕心滿意足地離開。

他把最好的留到最後——他最愛的泰坦普羅米修斯（Prometheus）。就泰坦而言，他異於尋常地敏感，宙斯很享受和他聊古典雕塑、裸體。因此宙斯給他一些泥，並對他說：「你可以用這些泥來做你想要的東西。」（不敢想像其他禮物袋裡都裝了些什麼）。普羅米修斯欣喜若狂，因為戰爭結束後實在沒什麼事可做——只有一點點整理碗櫥的工作——而且他一直自詡為藝術家。因此他找了一個可以寧靜聽古典樂廣播的角落，開始捏塑。他從小花瓶開始，經過練習變得越來越熟練。很快地，他大量產出有手腳、有臉的小人偶。剛開始，他讓他們四腳著地，因為這樣站得比較穩，不過隨著他的技巧精進，他成功讓他們以雙腳平衡站立。他沒多久就做出一整批，並稱他們為人類（我們在神話中就是這麼無足輕重——由不重要的泰坦以泥捏塑而成）。他把他的作品拿給雅典娜看，她覺得這些迷你人偶很厲害。「為什麼他們都是男性？」她問道，普羅米修斯表示我真的很喜歡男性，雅典娜的反應是有道理，「但是你不覺得他們有點死板嗎？」普羅米修斯也這麼認為，因此雅典娜將生命吹入他們體內，他們隨即開始走來走去。普羅米修斯興奮極了，他花很多時間把他們分組、建造小世界。感覺就像原始的《模擬市民》（*Sims*）遊戲。

同時間，宙斯納悶起怎麼好久沒見到這位朋友，於是決定上門拜訪。普羅米修斯讓宙斯看他都在忙些什麼，宙斯卻大發雷霆。顯然只有神和泰坦能夠直立以雙腿行走。宙斯昨天才剛立下這條規矩，但規矩就是規矩。普羅米修斯不知道有這規定，他說：「不好意思，我不是故意搞破壞，但你看啊，他們能跳、能跑，而且還能蹦來蹦去呢。」他讓幾個人類跳舞，但宙斯怒氣未減。在他看來，普羅米修斯越線了。

他告訴普羅米修斯，如果人類想繼續以雙腿行走，他們必須開始呈上祭品給他。「什麼樣的祭品？」普羅米修斯問道；他現在跟他珍貴的人類感情很深，想到他們遭遇任何困難就受不了。

「**給我驚喜！**」宙斯說道。

於是普羅米修斯準備了兩份祭品讓人類上呈給宙斯（真是直升機育兒）。其中之一裝滿牛骨和軟骨，不過外覆一層閃閃發光的豐美油脂。另一份是一大片厚切的上等沙朗牛排，卻包在牛胃裡面。宙斯要從中選擇一份。而因為宙斯是個混帳，他選了第一份，基本上就是裝成小羊排的羊肉。又因為他是這麼一個自尊心無比巨大的混帳，他聲稱自己是故意選擇第一份祭品，而且之後的祭品都必須如法炮製。普羅米修斯鬆了一大口氣——這代表人類只要把老骨頭獻給神就好，不用交出他們所有食物並餓死。

普羅米修斯一比零。

有那麼一段時間，人類活在黃金時代（不要跟泰坦的黃金時代搞混了；事實上，只有克洛諾斯覺得那段時間繁榮昌盛），而普羅米修斯為他們高興到了極點了。不過他是個完美主義者，總是忍不住要修修改改。他突然想到，如果人類有火，他們就可以把不用獻給宙斯的肉製成美味的牛排。宙斯還在跟他生悶氣，他沒膽先去問他，因此他從赫菲斯托斯那裡偷了一些火送給人類，還對他們說：「聽著，這東西不合法，所以不要張揚，不然我會惹上麻煩。」人類表示：「好，好，我們絕對不會那麼做，普羅米修斯，我們絕對不會做出任何可能危及你地位的事。」

剛開始，他們用得很謹慎，不過當他們發現這禮物有多厲害，他們開始亂燒一通，像是燒樹。雅典娜看見森林熊熊燃燒，她也怒火中燒。她對宙斯解釋——樹木是碳捕捉與封存的終極機器，對抗災難性的氣候變遷就得靠樹木。但宙斯才不在乎，因為他就是個混帳，記得吧？他只氣他的夥伴又沒乖乖聽話——他可是個控制狂呢。於是宙斯衝到人間，拿回火並說：「這是最後警告了，普羅米修斯。」

一比一。

原本還有可能和平落幕，不過人類開始對普羅米修斯哭說生肉沒烤肉好吃，而且現在是要怎麼圍著營火唱歌？一直煩到普羅米修斯受不了，他決定返回奧林帕斯，把火藏在茴香枝之中又偷了一次，然後——對，令人震驚哪——他被逮到了。

這次，宙斯受夠了。於是他說：「去他的，普羅米修斯，我知道你幫助我們打贏戰爭，但你害我變成一個徹頭徹尾的白痴，而且我想把所有力量都留在這裡，所以我要把你鏈在一塊岩石上。」

普羅米修斯表示：「哈哈哈哈，好啊。」

宙斯心想「為什麼這個該死的賤人不尊敬我？」於是他說：「我要派一隻老鷹來挖出你的肝。」

普羅米修斯沒反應（多半是因為他還在思考突然降臨的所有衰事），宙斯有點抓狂，他吼道：「而且你的肝每一夜都會重新長出來，每一天老鷹都會來挖出你的肝。接招吧，你這個小矮子。」

宙斯二比一。普羅米修斯玩完了。

不過人類還沒玩完。宙斯覺得，「我不能再次受到像這樣的羞辱。我必須想辦法讓這些人類搞清楚知道誰才是老大。」但他什麼也想不出來，因此他召喚雅典娜和赫菲斯托斯。

「我的孩子們，」他在寶座之難後正式收養了赫菲斯托斯，「我有一項非常重要的任務要交付你們——我找你們的唯一原因是我真的太、太忙了——我需要你們幫我想個懲罰人類的方法。舉例來說，會折磨人類生生世世的美好災厄。另外，赫菲斯托斯，今晚輪到你洗碗。」

於是赫菲斯托斯和雅典娜搜索枯腸，但是分開進行，因為他們是手足，實際上並沒有辦法一起工作。赫菲斯托斯還在努力給阿芙蘿黛蒂留下好印象，因此他想出一顆能射出毒藥、射燃燒弓箭並噴出致命病毒的球，雅典娜則是選擇從簡。她創造出一個像男人的形象，但更婀娜多姿，而且有腦——女人。她對宙斯解釋，她的創造物會把男人逼瘋，他們永遠無法擺脫女人，因為他們會愛上她們，或者完全依賴她們，或者兩者同時發生。宙斯覺得真是天才啊。於是，嗯，謝啦。男人是人類，而女人是瘟疫。了解。無論如何，他派雅典娜的原型（潘朵拉〔Pandora〕）去找普羅米修斯的兄弟厄庇米修斯（Epimetheus）。大戰時，厄庇米修斯也在宙斯的陣營，因此當他打開門，潘朵拉說：「哈囉，我是諸神的禮物。」他表示：「噢耶！我猜這肯定是我忠誠效力的獎賞，而且哇嗚，我喜歡別人把女人當物品一樣送給我。我知道諸神才剛把我哥鏈在一顆石頭上，他叫我不要收他們的禮物，但這可是個女人耶，一直以來都在我的耶誕節禮物清單上！我相信這絕對不是什麼陷阱。」（不是真的，古希臘並沒有耶誕節。）

厄庇米修斯和潘朵拉墜入愛河，他們訂婚並邀請所有人參加他們的婚禮。快樂時光哪。嗯，只有普羅米修斯除外，他回信寫道：「你們真好運啊，但我可能去不了吧，除非你們也希望一隻老鷹帶著我的半個肝一起去。順帶一提，我不敢相信你居然不聽我的建議，還是收下諸神的禮物。你將惹上比我更大的麻煩，記住我說的話哪。」但是他們沒理他，開開心心地收下諸神的另一份禮物。這一次，是宙斯送給潘朵拉的結婚禮物——一個密封的罐子，正面用斗大的字寫著「**不要打開**」。潘朵拉不是很懂為什麼宙斯要送她一份她不能打開的禮物，而且甚至還沒登錄在禮物登記簿內，但她還是把罐子放到禮物堆中，回給宙斯一張體面的感謝卡。

數週過去，厄庇米修斯和潘朵拉享受著新婚生活：厄庇米修斯每天出去工作，潘朵拉則每天打掃家裡，而她每天都看見那個她不該打開的罐子，每天都比前一天更好奇裡面到底是什麼，直到她終於被她的好奇心宰制（預料之中——她畢竟只是人類），她打開了罐子。罐中飛出這世上的所有邪惡：疾病、饑荒、哀傷、貪婪、嫉妒……應有盡有。潘朵拉盡她所能猛力快速蓋上蓋子，不過只留住了希望。該死！她確認過沒人看見，小心地把罐子放回架上，一面祈禱不會有人注意到。

但是所有人都注意到了。

到處都是苦難，指責的手指指向女人。儘管並不是她的錯——她天生就是要帶來折磨。但為什麼把希望跟其他邪惡放在同一個罐子裡？希望也被當作一種詛咒嗎？抑或希望是宙斯的一份禮物，用意是撫慰其他所有痛苦——如果是這樣，那又為何沒讓希望也逃離罐子？還是說，他知道潘朵拉會放出所有邪惡，只來得及留住希望，因而精心謀劃了這一切，好讓人類再也沒有勇氣違抗神？嗯……哪種混帳會打這種算盤？或許有那麼一種混帳，他折磨在泰坦大戰中為他效力的人，只因為對方試圖減緩人類的苦難？

不過有一件事毫無疑問——

人類的黃金時代到此結束。普羅米修斯的肝也是。

7 如果你是愛與戰爭的化身，你就可以不擇手段

自從阿芙蘿黛蒂誕生於海中的貝殼（老二），她一直過得一帆風順。她創造美麗的賽普勒斯（Cyprus），現在還有人類可以玩，她造成各式各樣的可愛混亂，到處閒逛，讓諸神和人類都一視同仁陷入愛河，就像她的私人肥皂劇。所有人都渴望她。身為愛之女神，她美得要命。這裡說的就是字面上的意思。而且，好樣的，她知道怎麼完全發揮她的優勢。她可以讓任何人下跪乞求——無論性別、年齡或性向。

這會兒希拉想把她嫁給這個醜陋的鐵匠。這在許多方面都頗為可恥。她是該死的愛之女神，不是**一輩子做無聊家事苦工之女神**！那是希拉才對。順帶一提，就算希拉是諸神之后，她也沒有權力指派婚姻。所有神之中就屬阿芙蘿黛蒂最不該結婚，而希拉甚至不是她媽，事實上，她還比希拉年長呢！希拉真是好大膽子，毛毛躁躁的乳牛。而且要她嫁給赫菲斯托斯？一個沉默寡言的傢伙，社交障礙的討厭鬼，在骯髒的鐵工廠工作？絕不！沒得商量。然後她發現自己在皺眉，趕緊停下來，因為她可不想長皺紋。這麼生氣會對她的肌膚造成浩劫。

因此阿芙蘿黛蒂跑去賽普勒斯躲避這整件事，開開心心地做熱石按摩、在泳池畔啜飲調酒。不過赫菲斯托斯仍堅持不懈，當他發現自己的努力一點成效也沒有……「不，赫菲斯托斯，我不要銀製瑞士小刀，就算附睫毛膏和指甲銼也不要！」他只好去找希拉。

寶座事件後，希拉連看都沒辦法看她的兒子，尤其他掛著自鳴得意的笑，臉甚至變得更加令人反感。但是阿芙蘿黛蒂煩她的時間長更多——沒完沒了的嘮叨婚姻應該以愛為基礎，巴拉巴拉，噢，還有性應該很美好；雙方皆然。白痴，愛跟婚姻有什麼關係？還有**雙方**都覺得美好的性，這哪時發生過？希拉是婚姻女神，不需要什麼傲慢的小公主來對她指手畫腳。

於是希拉決定插手，「承諾就是承諾。」她說道，而泰美斯也認同（因為希拉答應送她一個手提包）。阿芙蘿黛蒂試著對宙斯噘起嘴，但就這麼一次他沒屈服——他拚命想在他妻子發現他的所有風流韻事前喚回她的好感。希拉對赫菲斯托斯說，她能命令阿芙蘿黛蒂嫁給他，但若要她歡喜接受，唯一成功的可能就是他以非常特殊的方法出奇制勝。像是徹底改變性格，或是去整形。不過赫菲斯托斯的口袋裡有其他法寶。

他花了三天時間鍛造阿芙蘿黛蒂生平見過最驚人的戒指。戒指由內部散發光芒，「幾乎就像戒指之美從內而來，」阿芙蘿黛蒂驚嘆道：「但這當然是不可能的吧？」赫菲斯托斯露出神祕的微笑，承諾會再為她打造成套的項鍊、手鐲，還有更多更多。阿芙蘿黛蒂被那枚戒指迷住了——她決不會讓其他女神染指，而且，若說這裡誰能戴上耀眼的珠寶，那當然是她囉。因此她在宙斯出馬逼她之前便答應嫁給赫菲斯托斯。反正赫菲斯托斯看起來大部分的時間都會待在鐵工廠，而且又不是說阿芙蘿黛蒂就必須善待她的新婚丈夫，或甚至特別忠貞。對吧？

不過有一件事無庸置疑——如果她要結婚，那她要弄得氣氣派派。阿芙蘿黛蒂一不做、二不休，在克里特島舉辦一連五天的女子婚前狂歡派對，然後是沒完沒了的禮服試穿和禮物清單討論。大日子那天，她看起來驚為天人（廢話），身穿全長白絲禮服、頭戴白紗，畫面如此端莊，不過她後來化身難搞新娘，毀了服裝的效果，因為她發現其中一個伴娘竟然是**金髮**！她特別指定要三個**深褐色**頭髮的伴娘！「**照片全毀了！**」

之後的婚宴上，赫菲斯托斯的珠寶為阿芙蘿黛蒂增色，她除此之外身上就沒多少其他東西了；結果她很顯然並沒有「斷乾淨」。但是赫菲斯托斯為他的戰利品新娘興奮到無以復加，而且剛開始，她似乎樂於歸於安逸日常。赫菲斯托斯在她起床前便動身去鐵工廠，整天在那兒又熱又汗地為她打造另一件精美珠寶，直至深夜才回家。同時間，美好的阿芙蘿黛蒂睡到日上三竿，幫自己打杯果汁，懶散閒晃，花個把小時瀏覽抖音，吃點沙拉，時時攬鏡自照，或是去游泳或和朋友散散步，再次試戴她的所有珠寶，做一個小時的護膚療程，在赫菲斯托斯回家前就已經上床就寢。她維持了一週，然後便猛虎出閘，恢復她以前的派對作風——整晚待在外面鬼混，到處睡，大多數時候到早上才狼狽離開。不過當然了，對阿芙蘿黛蒂而言，她離開時總是昂首闊步。

儘管已經跟大多數神睡過，其中有一個神特別令她瘋狂——戰神阿瑞斯。阿芙蘿黛蒂試著對自己講道理，戰爭和愛應該互斥才是。不過大家都知道——對立物彼此吸引，所以這真的無法避免。他們確實受彼此吸引。阿芙蘿黛蒂是在阿瑞斯跟亞馬遜族作戰時（跟稅有關的小衝突）第一次注意到他。他一直大吼大叫，而且只有他脫去上衣。阿瑞斯則是一到迷戀自己的姑婆不再是什麼怪事的年紀就注意到阿芙蘿黛蒂。

阿芙蘿黛蒂決定去找阿瑞斯。她穿上她丈夫製作的金屬內衣，這套內衣能強調她的胸部。（沒錯，就算是在希臘神話，女性也被灌輸錯誤觀念，穿上不舒服的塑身衣。）阿瑞斯被迷得神魂顛倒。他等不及要去對雅典娜吹噓他擄獲了阿芙蘿黛蒂——唯一讓他姊姊質疑自己是否該永恆維持處女之身的女神。他們之間的性很棒，阿瑞斯發出很多聲音——跟赫菲斯托斯比起來，換換這種口味感覺很不錯——而且他喜歡粗暴地來，剛好阿芙蘿黛蒂也喜歡。除此之外，知道阿瑞斯是她丈夫的哥哥，帶給她一種額外的酥麻感，這難道不是一種光榮的力量宣示嗎？他們開始固定暗通款曲。他們的關係順利維持了數百年，多半是因為每當阿芙蘿黛蒂對阿瑞斯和他粗暴的性愛感到厭倦，他就上戰場去了；回來後又變得精力滿載，阿芙蘿黛蒂對此毫無招架之力。

同時間，赫菲斯托斯不再那麼確定他真有那麼喜歡阿芙蘿黛蒂——她不像他所希望的那麼有深度。最重要的是，愛神的貞節令人洩氣。他越來越常待在鐵工廠，阿瑞斯和阿芙蘿黛蒂則越來越膽大妄為。阿瑞斯甚至直接來家裡找她。他做愛時就跟他在戰場上一樣——最後總少不了戰吼和勝利之舞。赫菲斯托斯沒聽見的唯一原因是他塞耳塞（因為持續的金屬敲擊聲，他有耳鳴的毛病）。不過有一天，太陽神赫利歐斯（Helios）在天空值完清晨的班，回家路上聽見赫菲斯托斯家傳來高潮的呼喊：「我來，我見，我征服！」他決定下去看個仔細——變態狂——只見赤裸的阿芙蘿黛蒂裹著床單，正在觀賞阿瑞斯性交後的勝利之舞。「我的老天鵝，」赫利歐斯心想，「熱騰騰的八卦哪！一定要告訴赫菲斯托斯（還有路上遇到的每一個神）。」赫菲斯托斯知道後難過死了。他的自尊本就脆弱，以前就有嚴重的遺棄情結，這會兒發現自己被戴綠帽，更是大受打擊。他決心不輕易放過妻子，否則以後沒完沒了。於是他打造一面金網，這面網子薄如蟬翼，因此實際上根本看不見，但又無比堅韌。他把網子布置在自己的床邊。

沒錯，因為阿芙蘿黛蒂就在自己丈夫的床上跟阿瑞斯亂搞。

下一次阿瑞斯來找他愛人時，他說我今晚有幾個特別的招數，然後把阿芙蘿黛蒂抛上床。金絲隨即包覆這兩個神，阿芙蘿黛蒂表示，「好喔，這是要玩繩縛是吧，我知道接下來會怎樣，應該會很好玩。」不過她突然間又說：「等等，太超過了吧！」接著開始喊他們的安全詞「桃子」，但金絲繼續纏繞，直到她和阿瑞斯被完全困在網中。

然後赫菲斯托斯把其他神都叫來。他說：「各位，你們絕對猜不到——阿芙蘿黛蒂一直在給我戴綠帽！跟阿瑞斯！」所有人的反應都是：「是噢，然後呢？」他說：「你們都知道？」他們則說：「對啊，當然！赫利歐斯跟所有人說了。」於是赫菲斯托斯表示：「我要殺了赫利歐斯，不過無論如何，看看我做了什麼。」說完邀請他們都來到他房間，而他們看見阿瑞斯和阿芙蘿黛蒂光溜溜在網子裡。他們哈哈大笑，這絕對是阿芙蘿黛蒂最可怕的噩夢——光溜溜又頭下腳上困在網子裡很難看起來性感（不過當然，她還是做到了）。有些神迅速躲進浴室，因為……嗯，不需要我明說吧？

所有神都回到房間後，笑聲和勃起也消去了，他們著手討論要怎麼處理這樁醜聞。很多神同情阿瑞斯。他們的反應是：「看看她（有些人就這麼光明正大地盯著她看），誰不會跟阿瑞斯一樣？」宙斯說：「這個卑鄙邪惡的女人色誘我們英勇高貴的阿瑞斯，也就是我兒子；容我提醒各位，他為我們打了許多場仗。他跟他弟弟的妻子發生性行為一點錯也沒有。」他說完對著阿瑞斯心照不宣地一眨眼，阿瑞斯心想，「哈，吃屎吧，雅典娜！現在誰才是最受寵的孩子？」接著波賽頓對赫菲斯托斯說：「聽著，兄弟，我懂你對外遇這檔事不爽，但是我對網子不爽，老兄！」他看過太多心理受創的魚困在漁網中，因此產生一點恐懼症，他不喜歡看見姪子被像這樣捆住。他付赫菲斯托斯一大筆錢，立即救出阿瑞斯。

所以現在網子裡只剩下阿芙蘿黛蒂，而她怒火中燒，雖然其他神還是覺得整件事好笑至極。老好神赫菲斯托斯，他真懂該怎麼羞辱女性——她以前挑逗或嘲弄或拒絕過他們之中多少神？在他們心目中，拒絕跟他們上床的女性都活該受懲罰。

赫菲斯托斯愛死每個人都過來拍他背、跟他擊掌，他表示：「嘿，老婆，還有什麼牽掛嗎？嘻嘻，有聽懂嗎——掛？因為妳被掛在一張網子裡。」她的反應是：「我恨你！」他說：「只因為我用網子逮住妳——嘻嘻，逮到妳了喔。」她的反應是：「如果我原本沒理由離婚，你這些雙關語就是了！」他說：「好，好，我懂妳犯了錯，有時候兩個人就是難逃吸引力的『**網羅**』。」就連其他神也覺得，「這是什麼爛雙關啊……」他感覺得到他就要失去他們的支持了，於是他說：「妳先對斯提克斯河（Styx）發誓妳以後都對我忠貞，我才放開妳。」在神話中，對斯提克斯河立誓是一件無比神聖的事。於是阿芙蘿黛蒂說：「**好啦，噢我的天啊，放開我就對了，你這個死變態。**」

赫菲斯托斯終於放開他的妻子，她隨即逃去她最愛的賽普勒斯島，讓卡里特斯（Charites）照料她受傷的心。她們是幾個地位較低的美之女神，非常溺愛阿芙蘿黛蒂。但是不用擔心，她很快便重振旗鼓，開始勾引島上的每一個人；大家都知道，誘惑是受傷自尊的最佳良藥。然而對斯提克斯河立誓是一件神聖的事，不過阿芙蘿黛蒂立誓時手指是交叉的[7]。

就連斯提克斯河也得尊重手指交叉的規則。

7. Fingers crossed 原意是祈求好運，後來有祈求自己不要因為撒謊被神懲罰的意思。

8 最糟的性病是一整塊要命的大陸

泰坦大戰結束後不久，諸神開始無聊了。剛開始，他們都乘腦內啡衝浪，享受勝利的快感，然後那場阿芙蘿黛蒂、赫菲斯托斯戲碼接續娛樂他們，但就連吵吵鬧鬧也平息了，因此他們開始找尋新刺激。很快便找到一種消遣——性。而當就連縱慾狂歡也變得令人生厭，他們開始成雙成對，並發瘋似地生兒育女。無論宙斯往哪看，總是有新神冒出來。突然出現繆斯女神，還有老年、睡眠、風、責任（宙斯極力避開這一位）、愚蠢與稻稈帽之神……數量實在太多了，因此合情理的頭銜開始不敷使用。這些新神好色又興致勃勃，總是有場縱慾狂歡正在某處進行中。而儘管宙斯已婚，他還是像個糖果店裡的小孩。有一天，他睡醒，發現他肯定已經睡過幾乎所有親戚（黑帝斯除外，反正他事後多半會哭），如果他誠實，這檔事漸漸變得有點……千篇一律。

因此宙斯出去散步。他覺得自己很可憐，他做愛做得那麼棒，真不知道為什麼沒人能匹敵；這時他聽見下方傳來音樂和笑聲，他心想，「我真蠢，還有人類啊！該死，我把他們忘得一乾二淨。」於是他觀察他們一會兒，心想「哇嗚，他們看起來很懂得享受嘛，我或許該下去看看。而且他們崇拜我，所以總是有樂子。」他告訴他妻子他要出去買些燕麥奶，因為他剛剛發現他有乳糖不耐症；她的反應是：「搞什麼？你是神耶，你就字面意義來說天生完美啊！」他則表示：「哇嗚，別奉承我了。」她的反應是：「趕快滾出去！」

於是宙斯手舞足蹈地離開奧林帕斯，下到凡間。他站在草地上說：「凡人啊，我來了，我準備好享受你們呈上的一切。無論你們想不想要我。」他說完大笑，因為他真會說笑——當然所有人都想要他啊！但沒人過來，他心想，「好吧，有意思，大家都上哪去了？」然後他又想，「我太蠢了，這肯定是欲擒故縱吧，哇嗚。」因為他好幾百年沒玩欲擒故縱了，這真讓他性慾高漲。

因此他飛速四處晃了晃，找到幾個人類，發現一個採花的美麗女人，正在幫她父親放牧一些公牛。他心想：「妳好，妳好，大幹一場好不好？（因為他基本上就是神祇版的人形陰莖）」但他又想，「等一下下，該死，我要怎麼下手？」他的清單裡有幾招，於是他快速瀏覽了一下。

一、開戰。他就是這樣引誘墨提斯，但這招非常麻煩。

二、強暴。他就是這樣追希拉，所以他知道行得通，不過結果是得到一個妻子，而他絕對不想要再來一個。

三、自報姓名。對奧林帕斯的大多數神都管用，不過不確定用在凡人身上效果怎麼樣。

他的把妹招數清單差不多就到這裡，因此宙斯卡住了一分鐘。然後他想起他追希拉的計畫還有分項（哇嗚，雅典娜若是聽說他用這種方式思考，應該會覺得很驕傲），當時他化身為一隻鳥。希拉似乎很吃這套，或許這個可愛的女人也吃？他把自己變成一隻藍色山雀，稍微在草地上晃了晃，但她還是沒發現他。於是宙斯心想他或許該變身成體型大一點的動物，他隨即化身為一頭白色公牛，並加入牛群。

那名女子——歐羅巴（Europa）終於發現他，說道：「哇，爸——你看過這頭公牛嗎？牠是純白的耶！根本在發光！等等，牠在發光嗎？」宙斯這才領悟自己還是太像神，因此稍稍調弱他的神光。不過沒調太多，因為他還是想來一炮。歐羅巴的反應是：「爸，我不知道你怎麼想，不過我覺得那頭牛有點可疑，而且又不是說我們能把牠賣掉。我的意思是，你看看牠。或許我們應該現在就把牠宰了。」

宙斯愛死了；他心想：「好耶，對我說下流的話，寶貝。」歐羅巴朝牛的腹脇拍了一掌要牠走動，宙斯的反應是：「哇！真棒的前戲！以前沒玩過！」然後他有點興奮過頭，把她拋上他的背後狂奔而去。他們奔馳得如此之快，剛開始歐羅巴心想現在是在搞什麼鬼？然後有點喜歡上這種感覺，想著棒呆了，並站到公牛背上，頭髮在風中飄揚，赤裸的乳房上下彈跳。

至少宙斯隆隆奔過大地時是如此想像，還奔過大海——他是神，所以他可以那麼做。他的神之蹄碰觸海水之處，土地便浮現。這片大地就是後來大家所知的歐洲（Europe），不過我們或許還是先別談那塊吧。他終於來到克里特島，心想：「完美啊，我的出生地，這時來座好島嶼再好不過。」於是他停下來，歐羅巴也爬下他的背。到了這個時候，她已經知道情況不對了——這不是尋常公牛，但她依然以為宙斯只是一隻動物，因此她表示：「哇，你是神賜給我的禮物之類的嗎？」

宙斯變回他自己，對她說：「甜心，我**就是**神啊。」

歐羅巴顯然嚇壞了，她說：「**搞什麼？**」宙斯則表示：「好了喔，我真看不出有什麼問題，不過讓我們稍微冷靜冷靜，然後倒帶一下，回到妳拍打我腹脇的地方，好嗎？」她的反應是：「你剛剛是一頭公牛！為什麼現在又變成神了？」他說：「等等，別鬧了，我們要來做愛，對吧？」她說：「開什麼玩笑？我才不跟你做愛！給我全希臘的珠寶我也不要。」他說：「好吧，沒關係，那給妳三份神的禮物如何？」她心想，「要命，現在變成阿拉丁之類的狗屁了，不過我猜如果我跟一個神一起困在這裡，不妨有什麼拿什麼吧。」於是她說：「願聞其詳。」他接著說：「我們必須先做愛，然後才給妳禮物。」她則表示：「好吧，我猜你這一身天神的軀體算是挺俊美的……」

於是他們做愛，宙斯結束時有一點點驚訝，也有一點點失望。結果跟人類做愛的感覺和跟自己妻子做愛一樣。或是跟你姊妹，或是你的狗。等等，什麼？總之，他們結束後，歐羅巴的反應是認真的嗎，就這樣？但她接著又說：「好吧，沒關係，隨便，現在請送我回家，還有，禮物可以給我了吧？」宙斯還在忙著綁好托加袍，沒回答；她說：「哈囉喔喔喔？」他才說：「噢，有趣的是——妳也知道，我不能送妳回家，因為妳爸對剛剛發生的這些事不會太高興，我的意思不是我怕妳爸，因為我什麼也不怕，只是你們人類還很新，我不太確定你們有多強大，所以我不想冒險。因此，我要把妳留在這裡。我就不用被吼，妳也會有個新家。雙贏！說真的，妳真該感謝我呢。」

她說：「你腦袋壞掉了嗎？！根本沒人住在這裡，我會遇難吧——你的行為根本定義了不負責任這四個字。」宙斯則說：「字典還沒發明呢，但是我不認為不負責任的定義是這樣，甜心，而且不管怎樣，沒關係，我不會讓妳毫無防護——記得我剛剛提起的禮物嗎？嗯，它們會保護妳安全。」他跑到樹叢後翻找。他首先拿出塔羅斯（Talos），為了保護她而打造的機器兵；然後是里雷普斯（Laelaps），一頭無敵獵犬，負責維繫她的肉品補給；最後是永不失準的標槍。歐羅巴的反應是：「又不是在玩當個創世神，你這笨蛋，去你媽的，我在農場長大，我知道怎麼照料自己。」她說完抓起一隻雞，扭斷雞脖子，以此作為證明。

宙斯的反應是：「哇！好吧，哈哈哈哈哈，嗯，我要走了。」他說完便火速閃人，一面想著「誰知道人類會那麼易怒？」就連回到奧林帕斯，他也還聽得見她在罵他。他心想：「好吧，這結果不太好，我必須掌握這個故事，我可不想要所有我睡過的女人都聯合起來對付我。」於是他告訴所有人，大聲叫罵就是人類示愛的方式，然後他做出金牛座，也就是那頭公牛，以此紀念他們那段無比美好的時光。

同時間，歐羅巴發現自己懷孕了，而且是三胞胎。沒錯，我們的老朋友神之精子又來了。她的反應是：「天殺的，情況還能更糟嗎？」然後她看見天上的那頭牛，她心想：「神明保佑噢，但不是這一個神。」不過她又想，「得了，歐羅巴，振作起來，妳放牛長大的，這妳應付得來。」於是她抓住一隻鴿子，寫信給艾斯特里昂國王（King Asterion），說她是克里特女王（如果島上只有妳一個人，那就沒人會提出異議），然後她向艾斯特里昂國王求親，因為她知道宙斯絕對不會幫忙帶小孩。艾斯特里昂心想：「好耶，王國變大，還得到一個火辣的妻子。」於是便答應了。歐羅巴的反應是：「還真多謝噢。」於是她為塔羅斯上油，吹口哨召來里雷普斯，把標槍夾在腋下，搖搖晃晃地走去迎接艾斯特里昂（因為她現在身懷六甲），他的反應是：「慢著，等等，我以為妳應該是個火辣美女耶。」歐羅巴說：「等我一秒。」說完便擠出三個小嬰兒，他表示：「噢，我原本不知道他們也是協議的一部分，真好玩。」他真是個好人。

就這樣，歐羅巴的結局不算太差。結果艾斯特里昂是個挺不錯的傢伙，遷居克里特島也不壞，《*Time Out*》最佳希臘島嶼排名第四，「天氣宜人、坐擁沙灘、四季皆有不同活動。」

身為克里特女王的歐羅巴長壽且人生圓滿。她的三胞胎拉米諾斯（Minos）、達曼迪斯（Rhadamanthus）、薩爾珀冬（Sarpedon）成為冥界的判官（黑帝斯那天沒多加留意自己簽了什麼同意書），因此就算她死去，她也會獲得相當優質的來世。

當宙斯決定妳就是他要的那一個，這實在是妳所能期望的最佳結果了……噢耶，沒錯，他要的那一個！希臘閃電先生。

9 爭議評論：梅杜莎值得更好的

說實在的，梅杜莎（Medusa）的名聲有夠糟。我是說，蛇頭的這整件很引人注目，但實在沒把故事說完整。在她變成一個能把人變成石頭的威嚇性角色之前，她實際上是一個非常聰明、美麗的女孩。大家都知道她是「諸多追求者吃醋的引子」，但這句話有點拗口，因此他們乾脆只稱她為**醋引**，然而她並不像醋一樣那麼用途廣泛，而且她根本沒興趣結婚。每天都有男人上門找她，並說：「親愛的梅杜莎，請嫁給我好嗎？」她會說：「天啊，真抱歉，我不覺得我想結婚耶。」那些男人傷心離去，鄉民會說老**醋引**又來了。

最後，梅杜莎覺得「我拒絕太多男人了，情況變得越來越不安全，我收到死亡威脅，而且還有人跟蹤我。」她的姊姊斯忒諾（Stheno）和歐律阿勒（Euryale）表示：「是啊，親愛的，妳需要幫助，而且越快越好。」她們建議她去當雅典娜的祭司。梅杜莎的反應是：「哈哈，好啊，但隨便問問——為什麼？」她的姊姊們說：「妳有時候真是有夠蠢——雅典娜是永遠的處女，她的祭司也必須都是處女。就算是妳的追求者，肯定也會遵從女神的意願吧？」於是梅杜莎報名如何成為雅典娜的祭司七日班，買了一件漂亮的新長袍，全心全意把自己獻給女神。她的姊姊們心想——得分，因為少了梅杜莎，她們終於有機會得到村裡所有男人的青睞。因此她們熱鬧至極地過了好幾個月。

不過發生了一件事，破壞了這樣的平靜。當然了，跟諸神有關。事情的開端是波賽頓和雅典娜有一天在吵誰是人類最愛的神。雅典娜說：「當然是我囉，我賦予他們戰爭時的力量和知識（他們才能藉這些知識了解我才是正確選擇這類的事）。」波賽頓則說：「小女孩，妳的優先順序有問題；當然是我啊，我賦予他們，像是，好天氣和海灘時光等。」於是雅典娜說：「好，我們來把這件事弄個清楚。」他們找到一座剛建好的城市，雅典娜對城裡的居民說：「你們想要哪一個守護神，我還是波賽頓？」貪婪的人類心想：「哇，這種事可不是天天有，我們來弄點好處。」於是他們說：「哪一個神給我們最棒的禮物就是我們的守護神。」

波賽頓心想爛透了！因為其他神總說他最不會買禮物，他努力思考，然後一揮手，變出一座海水噴泉。他說：「喂，我送你們大海的味道。上哪找更好的禮物？」有些圍觀的人表示太棒了，突然就變出長長的金髮和衝浪短褲。

雅典娜翻了翻白眼，說道：「我的人民啊，我送給你們橄欖樹，你們可以利用這棵樹製作橄欖油和昂貴的砧板。」但他們看起來半信半疑，於是雅典娜補充：「還有披薩。」

突然間，所有人都表示：「這位女王是誰？幫我報名她那一邊！」波賽頓說：「那我的噴泉呢？」居民們則表示慢走不送，噴泉的水連喝都不能喝。於是雅典娜成為守護神，雅典（Athens）城於焉誕生。

波賽頓不開心，他在海上弄了幾個風暴以釋放一些緊繃的情緒。魚開始抱怨，於是他說：「不好意思啊，大家，我只是需要發洩一下。」但是感覺還不夠——雅典娜總是戲弄他，說他的海馬不能加入騎兵、他的三叉戟總是打空包彈之類的，基本上就是聲稱自己比所有人都聰明太多。是時候來個人戳破她的假象了，於是他做了所有混帳神會做的事——他去一座她的神廟強暴她的一位祭司，而這位祭司當然就是梅杜莎。

雅典娜立刻認出波賽頓的濕腳印，並在他準備開溜時趕到。「發生什麼事？」她問，而梅杜莎鬆了一大口氣——雅典娜身為智慧女神，自己也是女性，肯定會挺她。雅典娜卻看著她，問道：「妳是自找的吧？」梅杜莎的反應是：「什麼？**不是！**」雅典娜則說：「噢，少來了！波賽頓才不會無緣無故做這種事。妳是不是露奶了？」梅杜莎表示：「我確確實實就只是在打掃神廟。」雅典娜說：「那就是表現得很順從囉？嗯，妳怎能預期他抗拒得了？」梅杜莎的姊姊們剛好今天來探望她，她們說：「妳不太講道理耶，她只是聽妳的話在刷地板。我們拿出成年人的態度來解決這件事。」雅典娜說：「好，我們坐下談吧！」姊姊們說：「感謝，噢妳真親切。」實際上心裡想的是「**我的老天爺**，千鈞一髮呢。」

她們一轉過身，雅典娜的反應是：「**瘋子！把妳們三個**都變成戈爾貢（Gorgon）！」她手指一點，把她們都變成雞腳、巨大金屬翅和龜裂的皮膚。厲害，而因為只有梅杜莎「容許」自己被波賽頓強暴，所以只有她長出蛇髮。這些蛇會把看她的人都變成石頭。

稍後，雅典娜會試圖謊稱她是為了避免再有男人傷害梅杜莎才這麼做，而因為看梅杜莎的人會被變成石頭，她這說法還算說得過去，但後來又為什麼把她放逐到一座偏遠島嶼？除了適合讓人來這裡嘗試殺死她，這座島完全沒有其他用途。雅典娜肯定太常跟她的混帳老爸待在一起了。說到她爸……

宙斯依然表現得像個徹頭徹尾的混帳。他的把妹清單現在新增了一個新招數——他可以變成一陣黃金神雨。事實證明這招無比成功，他覺得他該申請專利之類的。金雨有可能真正流行起來。總之，他最新的愛人（受害者）是一個名叫達那厄（Danaë）的女人。她被她父親關在大海中央的一座塔中，因為有個預言說她兒子將會殺死他（耳熟嗎？）也因為這座塔，宙斯才用金雨的招數。他看了鐵柵一眼就心想，這次「公牛計畫」絕對行不通……當雨降在達那厄身上後，她生下一個名叫柏修斯（Perseus）的男嬰。達那厄覺得很興奮，因為她終於有事情忙了，也不再獨自受困海水中央的塔內。

不過隨著時間一年年過去，空間似乎縮小了。柏修斯開始渴望擁有屬於自己的小天地，也想要一些戶外空間，尤其他進入青春期，想避開母親的窺探並探索自己身體的某些部位。有一天，柏修斯一彈指，說：「媽，我覺得我們需要解決這個問題。不如妳找個有更大房子的人嫁了？」於是他叫他媽下載Tinder，幫她寫自介，上傳一張有趣的照片，叫她往右滑、滑、滑就對了，因為考量他們的情況，實在不容許他們太挑剔。

同時間，波呂得克忒斯（Polydectes）國王正在塞里福斯島（Seriphus）滑Tinder，這時達那厄跳了出來。她有夠火辣，因此他給她一個右滑，再給她「超級喜歡」（Super Like）的藍色星星。而達那厄只是把所有人都往右滑，他們就這樣配對成功。然後波呂得克忒斯傳訊息給她，她的反應是：「現在我要做什麼？」於是由柏修斯接掌聊天，那天結束時，他說：「媽，我們要搬去塞里福斯了，那裡的國王說要娶妳！」他媽說：「真的嗎？好快噢，你都跟他說了些什麼？」柏修斯的反應是：「噢……沒什麼大不了的啦，我可能承諾妳會考慮某些事，分享一些怪癖，還有……何不直接等妳跟他見面再說？」

於是他們兩人搭船到塞里福斯。不過他們到的時候波呂得克忒斯以為柏修斯只是僕人，命他把達那厄的包包拿去主臥室；柏修斯的反應是：「哈哈哈，不是啦，你弄錯了，我其實是柏修斯，也就是她兒子，很高興認識你，噢，還有，你的屌照很不錯。」波呂得克忒斯顯然心想真是個掃「性」的傢伙，不過還是假裝完全不介意突然冒出一個繼子。

晚餐時，他說道：「嘿，兄弟、夥伴、老兄，可否幫我一個大忙？不用有壓力，超級簡單的——我有一個問題，跟小號的頭有關，可以麻煩你幫我解決嗎？」柏修斯說：「那不是媽的工作嗎？」波呂得克忒斯哈哈大笑了幾聲，說：「你把我的Tinder訊息讀給你媽聽是吧，真討厭。不過不是啦，我要你去把蛇髮女妖梅杜莎的頭給我帶回來。」柏修斯看見他媽無聲地用眼神示意他「他家真的很大拜託不要搞砸」，於是他說：「沒問題，波呂得克忒斯，你想要什麼我都會幫你帶回來。」

那夜稍晚，柏修斯正準備上床（超級興奮，因為這是第一次他睡覺時他媽不在房間裡），宙斯和波賽頓突然現身。

「你為什麼同意去殺死梅杜莎？你是不是發瘋了？」宙斯問道。

「對啊，話說，老弟，她有夠乖僻。」波賽頓補充道，「不過你值得尊敬，兄弟。」

柏修斯說：「等等，你們是誰？你們為什麼在我房間裡？」

於是宙斯說：「我其實是你父親，這是你伯父。我不知道他來幹嘛，但他堅持要來。」波賽頓彷彿打招呼般對他一揮手。

柏修斯心花怒放，因為他見到他爸了（不過說實在的，波賽頓看起來酷多了），他有各種問題想問，像是宙斯跟他媽是怎樣的一段關係？他為什麼把他們丟在塔裡？但宙斯說：「雅典娜建議我們來，因為如果你認真想去執行這個自殺任務，你會需要一、兩件武器。」宙斯雙手拍合，然後突然間雅典娜、荷米斯、赫菲斯托斯和黑帝斯都冒了出來。到了這個時候，柏修斯的房間變得非常擁擠，但他並不特別在意，因為他過去十八年來都是這麼過的。

雅典娜給他一面鏡盾並說：「我看見你的勇氣。這面盾將有助於你，不過前提是擁有想出它將如何幫助你的智慧。」她沒理會在旁邊扮鬼臉的波賽頓。

接下來換荷米斯上前，「我聽說你是一個了不起的運動員。這會讓你跑得更快。」他把一雙附金翅膀的涼鞋交給柏修斯（看起來有點太大，而且絕對是二手貨，但柏修斯太有禮貌了，所以什麼也沒說）。

赫菲斯托斯給他一把劍，「我相信你一定身手靈巧；願這把劍給你助力。嗯，用尖的那一端。」

然後黑帝斯咕噥了一些什麼，但沒人聽得清楚，因此宙斯說：「大聲一點啦！」黑帝斯說：「我看不出你有任何特別突出之處，但梅杜莎一直把人變成石頭，而我受夠隨之而來的額外文書作業，所以我要把我的頭盔借給你，因為我覺得你會需要所有你所能得到的協助。不過請注意，我剛剛說的是借——你要完好無缺地還給我。」黑帝斯交出他的黑暗之盔（無病呻吟的小鬼就是會為自己的頭盔取這種名字）。

然後他們全部期待地看著宙斯，他說：「好啦，應該都完成了，幹得好。收工囉。」諸神隨即消失。

柏修斯有好多資訊需要消化，他沒預料獨處的第一夜就這樣，不過隔天早上，他試穿他的新涼鞋（沒錯，太大了），拿起劍和盾，把黑暗之盔塞進包包裡。然後他想起黑帝斯臨別前所說的話，又把頭盔拿出來用泡泡紙包好。他媽逼他也帶上一些防曬乳，波呂得克忒斯國王則是給他一套鎖子甲——柏修斯試穿後發現這東西一直叮噹響，於是又脫了下來。「我只是覺得這些額外的噪音可能會讓我很難偷偷溜到她身邊。」他這麼解釋道；波呂得克忒斯國王則說：「噢，這我倒沒想到。」雖然這當然完全就是重點所在。就這樣，柏修斯出發展開他的冒險。經過一些繞路、計畫外的打鬥，以及在妓院度過數週（彌補錯失的時光），他終於來到梅杜莎所在的島。

這裡不太算是克里特。島上除了數千尊石像之外一片荒蕪。石像栩栩如生，柏修斯納悶著梅杜莎是不是喜歡上雕塑。他順著凍結人像指引的方向走，最後抵達梅杜莎的洞穴。到了這個時候，慢慢可以看出模式了——所有石像的雙手都蓋在臉上，彷彿在遮擋他們的眼睛。這裡實實在在有幾百尊，因此柏修斯知道他肯定接近目標了。他希望荷米斯給他的是太陽眼鏡，而非這雙爛涼鞋，他一直都想要那種復古八〇年代鏡面的太陽眼鏡……然後他想起雅典娜的鏡盾。他舉起盾擋在眼前，但這樣就什麼也看不到了，因此他改用盾來檢查頭髮有沒有亂掉。他領悟了兩件事：一，他的頭髮看起來很油；二，他可以看見身後的動靜。於是他轉過身——利用盾確認前進的方向進入梅杜莎的洞穴。她原本寧靜地睡著，聽見腳步聲後醒了過來，心想：「這人倒退走是在搞什麼？」然後，她變成蛇髮女妖後頭一遭看見鏡中的自己。「**我的……老……天爺……**我是說，我知道沒人剛睡醒時看起來就是自己的最佳狀態，**但這肯定是在開玩笑吧！**」接著，她連思考該怎麼防禦都還來不及，柏修斯已經一劍砍下她的頭。

更糟的是，這時她已懷著波賽頓的孩子。因此飛馬佩加索斯（Pegasus）和黃金戰士克律薩俄耳（Chrysaor）從她的無頭屍體內噴了出來。柏修斯正好用得上馬，於是他抓住牠，而梅杜莎的姊姊們大發雷霆，因為現在她們得要打架決定誰能得到克律薩俄耳。噢，她們也很氣柏修斯殺死梅杜莎，當然囉。她們追著柏修斯，他沒料到任務還包含另外兩個戈爾貢，而且正努力從泡泡紙中拿出黑暗之盔，同時還要抓好佩加索斯——他最後一扯，終於拿出頭盔碰地戴到頭上，隨即變得隱形並逃之夭夭。終於，荷米斯的涼鞋發揮了應有的作用。

不過對可憐的梅杜莎來說，事情還沒完呢。她不只已經被強暴受孕、被變成人人仇視的蛇髮女妖，還被迫在一座淒涼的小島過活，現在柏修斯還繼續濫用她被砍下的頭，藉此解決幾樁宿怨。接下來的幾個月，希臘各地冒出各式各樣的石像，全部都和柏修斯有些關聯。他甚至還設法讓波呂得克忒斯脫下褲子。每次他和他媽看見這座石像，總是逗得她咯咯笑。

然後柏修斯收到諸神送來的提醒，心不甘情不願地歸還這些借來的魔法物品。黑帝斯對黑暗之盔的狀態和柏修斯個人復仇式撒野後的所有後續文書作業不是很高興，但他不再追究，而雅典娜搶先拿走梅杜莎的頭，把它鑲在宙斯的盾上，好讓戰鬥中所有看見的人心生恐懼（聽起來無私奉獻，直到你發現真正拿那面盾的人其實是她）。最後，身為智慧女神，很難相信她不是那種從一開始就設計好這一切的混帳，從她最初把梅杜莎變成蛇髮女妖就開始。

她畢竟是她父親的女兒哪。

10 有時候嬰兒和助產士是同一個人

希拉和宙斯成功繞過任何形式的蜜月期——他從一開始就對她不忠。儘管希拉的女性朋友都叫她離開他，她還是堅守陣地，因為她可是婚姻女神呢。不過，這不代表她不會吼他，或是在朋友面前讓他難看，或是剪碎他最愛的托加袍撒得草坪到處都是。再一次不忠，她就要開始演唱《芝加哥》（*Chicago*）裡的〈監獄探戈〉（*Cell Block Tango*）了，不過已經將近一個月沒聽見他「言行失檢」的任何八卦，因此希拉覺得幾週以來沒那麼平靜過。她又睡得著了，真是讓人如釋重負，而且胃口也變得比較好。然後她在健身房遇見阿芙蘿黛蒂。

「真難得在這裡看見妳呢。」阿芙蘿黛蒂說道，雖然希拉其實天天都泡在健身房裡。

希拉挑起一邊眉，慢聲慢氣地說：「是啊，真難得在這裡看見妳。」（因為阿芙蘿黛蒂從不上健身房，她「天生苗條」，無論誰來尋求她的美體建議，她都是這麼回答：「親愛的，沒人能像我一樣。」）希拉知道在健身房巧遇阿芙蘿黛蒂只有一個原因，那就是阿芙蘿黛蒂有熱騰騰的八卦，果然……

「事實上，我正想晚點順便去妳家拜訪，這件事只有妳知我知喔，親愛的，我昨晚從阿瑞斯……嗯哼，我是說赫菲斯托斯，我丈夫赫菲斯托斯，我丈夫那兒走回家的時候。」她卡了一下，但很快便恢復，「我想說可以順道去看看我的新歡──我不會透露他的名字，不然很快就會傳遍大街小巷，所以別逼我了……好啦，是卓米德斯（Dromidus），他有夠帥，在八號街和九號街路口的可愛咖啡店裡工作，總之，我經過兩個在森林裡聊八卦的森林仙女，她們說阿芙蘿黛蒂，妳好棒啊，妳真是美呆了，我說**天啊**別說了啦，大家，她們說真的啦，妳的頭髮是不是有什麼改變？我說甜心，這可是純天然的（不過只有妳知我知還有健身房的牆壁知，我剛剛去做了頭髮——我再把他們的電話給妳，他們真的是奇蹟締造者耶），不過還是先說仙女的事。所以我說什麼八卦呀？她們說妳不會相信我們剛剛在說什麼，我說**天啊**快告訴我，於是她們告訴我了。顯然宙斯一直跟另一個女人同床共枕，我跟她們說，說點我不知道的事吧，好啦，爆點來了——她懷孕了！」

「嗯。」希拉面不改色地走下跑步機，「謝謝妳告訴我這件事，不過我要去舉啞鈴了，妳一定也有其他事要忙吧？」

阿芙蘿黛蒂說：「哇，妳平靜得驚人耶！我猜妳已經習慣了。真希望我能懂妳！」然後她臉色大變，因為她原本想關掉跑步機，不小心按到加速——看起來還是很美，真不知道她是怎麼做到的。

希拉直接回家，灌下一瓶桃子杜松子酒並用一包家庭號甜辣椒口味洋芋片麻醉自己。她決定她要最後一次讓所有人——尤其是宙斯，知道她絕不容忍這種行為。不過首先她需要知道是哪個婊子引誘她丈夫。她臉部肌肉一抽，領悟這代表她必須先做某一件事……她多喝一些酒以給自己信心，然後去找阿芙蘿黛蒂聽完整個故事。

而阿芙蘿黛蒂，當然了，她非常樂意填補所有細節。「天啊，要是我，我也會想知道。嗯，我想我會。我沒實際遇過這種情況，所以我不知道耶！這其實是一個非常有趣的故事，很棒的聚餐話題。噢，別生氣，妳應該覺得榮幸才對！沒有比成為話題女主角更棒的事了。總之，據說宙斯在追兩姊妹，因為一個不夠，而且我們都知道他喜歡闔家歡……所以他在追這對姊妹，顯然，但別說是我說的喔，謠傳他最喜歡姊妹中的阿斯忒里亞（Asteria）。所以他開始鍥而不捨地追她，妳懂吧？說真的，妳一定懂，因為他也是那樣追妳！不過最後一場空，因為出現一個大轉折，阿斯忒里亞從一個懸崖跳下大海。只為了躲避宙斯——妳能想像嗎？總之，顯然她完全沒事——事實上還變得更棒，因為她變成一座島……**我知道！**我覺得我會是一座非常可愛的島，有很多小兔子跳來跳去、到處都是可愛的小花。我會被稱為性愛島，愛之島可能比較別致……妳覺得呢？而且所有人都想上我，跟平常沒什麼不一樣，嗯？哈哈，總之，宙斯現在只能將就另一位姊妹，不過如果妳問我，就算阿斯忒里亞沒跳崖，我也不認為宙斯跟她能長久，我幾乎百分百確定她是同性戀。但勒托（Leto）可不是！嗯，她懷孕了因此我們知道她不是，所以她顯然跟宙斯上過床了，所以我猜她有可能是雙性戀之類的，但——噢，順帶一提，勒托就是另一位姊妹。沒錯，妳絕對該找她復仇的那一個。喔噢，妳打算怎麼做？妳需要一個真心厲害的詛咒。我來幫妳想一個。這故事真是太有料了，真適合聚餐時拿出來說，一定會有續集，而所有人都喜歡續集，妳不覺得大家都很投入嗎？」

等到阿芙蘿黛蒂終於停下來喘口氣，希拉終於找藉口脫身。她回到家，發現宙斯在和雅典娜一起玩雙陸棋。真是完美老爸。她朝他丟花瓶，雅典娜逃之夭夭。她說：「告訴我勒托這個婊子住在哪，不然接下來丟的就是燈罩了。」宙斯對於讓勒托承擔希拉的怒火一點問題也沒有，因此他立即招供。

因此希拉氣沖沖地趕到勒托家，這時勒托正穿著晨袍在看《麻雀變鳳凰》（*Pretty Woman*），旁邊擺著一個嘔吐盆。她害喜得頗嚴重，已經身懷六甲，還用繃帶把腿捆起來，因為靜脈曲張得很厲害。

希拉一點也不同情。

「我是希拉，宙斯的**妻子**。恭喜妳懷孕啊！」

勒托說：「謝謝，但我感覺很糟。」（她反胃得太嚴重了，根本沒聽出希拉語帶譏諷。）

「嗯，妳接下來會感覺更糟千百倍。我要妳付出代價。妳和妳所有婊子朋友都會得到教訓！」（這部分剛剛受過阿芙蘿黛蒂指導。）

「我詛咒妳永遠無法在terra firma生出那些雜種！」

勒托說：「等等，什麼？妳是說我肚子裡不止一個？」

希拉說：「沒錯，是健壯的雙胞胎。」

勒托說：「去你的，雙胞胎！難怪我感覺這麼糟糕。」

這時希拉轉身要走，勒托又追問：「慢著，等等，妳剛剛還說了什麼？terra firma是什麼？」不過希拉已經離去，而且還沒關上門。

勒托吼道：「妳有什麼毛病啊？妳是在穀倉出生的嗎？」然後蹣跚地走去廁所，因為她又想尿了，去他的雙胞胎！

勒托查出terra firma是土地的意思後，她驚慌了起來。她原本想的是在家生產，不是空中生產。然後她又想起她肚子裡不止一個。靠。她打包好孕婦包，出發去找不屬於大陸一部分的地方，也不是海上的島，也不是太陽下的任何一塊土地[8]，一面思考不知道有沒有時間申請參加《移居鄉下》（*Escape to the Country*）或《地點，地點，地點》（*Location, Location, Location*）[9]，因為這感覺是一個頗嚴峻的挑戰。

但是她知道無論發生什麼事，她都必須持續移動，因為儘管希拉已經弄得勒托幾乎不可能生孩子，她還是一直糾纏勒托。這實在令勒托頗為惱火。她差不多要放棄找合適的地方、冒險嘗試在海裡來場徹底的水中分娩，這時有個聲音在她耳中低語，聽起來有夠耳熟。那聲音說：「不用害怕，我是天使加百列……開玩笑的啦……我是妳兒子阿波羅。」她的反應是好耶！因為她向來想要兒子。那聲音接著說：「我要給妳一個重要的預言，因為我預言我將成為預言之神（一整個太後設預言了）。」他告訴她，她會在阿斯忒里亞島生產——曾經是她姊妹的那座島，因為那是座浮島，並沒有與大地相連——希拉詛咒中的一個漏洞。然後他叫她立刻動身，因為她就要破水了。不過他沒告訴她這會是她有生以來最痛的體驗，甚至比被宙斯的巨屌進入還痛。

太超過了？

真是不好意思噢，我才不抱歉！

於是勒托趕在破水前火速直奔阿斯忒里亞，然後生下狩獵女神阿提米斯；阿提米斯對她說：「如果妳以為這很難，那妳得三思，因為阿波羅會比現在難上千百倍。他說他要『盛大登場』，說老實話，那聽起來並不舒服。我離開的時候，他正在磨他的劍。」勒托的反應是：「妳他媽一定是在跟我開玩笑吧！」到這個時候，大部分常出現在這種場合的神都來了：狄俄涅

8. 希拉曾經發過誓，決不能讓勒托在陽光照耀的大地上生產。
9. 兩者皆為英國實境節目，分別於二〇〇二年與二〇〇〇年開播，至今仍繼續播出，主題為為買家找尋他們的完美家園。

（Dione）、雷亞、依可納亞（Ichnaea），還有泰美斯和海洋女神安菲特里忒（Amphitrite）。

身為誕生的見證者，她們喜愛難產的戲碼。只有希拉不在場，她正忙著綁架她自己的女兒埃雷圖亞（Eileithyia），也就是真正的生產女神，以預防勒托安全生下阿波羅。每個詛咒都需要後備計畫。勒托表示：「他媽誰來幫點忙好嗎？」不過所有見證女神都閃閃躲躲地說自己會幫，不過她們才剛做好指甲。於是剛出生的阿提米斯捲起袖子，一副「媽，我們上吧！」的樣子。雖然她才剛出生，結果居然是個厲害的助產士。她陪著她媽度過九天劇痛的宮縮，直到生下全副武裝的小寶寶阿波羅，他出生時還揮舞著那把完美打磨的劍（有其父必有其子）。他不只是預言之神，也是詩歌之神，降生的同時就已經做好一首詩：

我親愛的母親，
還有姊姊為我接生，
感謝妳們助我站穩腳跟，
這是阿斯忒里亞感覺像仙境！

「真爛。」阿提米斯說。一起在子宮裡待九個月太漫長了。不過其他女神認為他是自從切片麵包以來最美好的事物，對著他的金色髮綹和完美牙齒柔情低語，幫他洗澡，還替他穿上白衣。然後她們為他繫上金帶（因為有何不可？）。阿提米斯只得到一塊舊布料。

得到這麼多關注後，阿波羅開口說：「嘿，媽，我有點餓，有東西吃嗎？」勒托說：「沒有，抱歉，我筋疲力竭了。」阿波羅開始哭，因此阿提米斯說：「我猜我們必須自己找東西吃，弟弟。」他們一起找了一點木材，折彎後做出第一把弓。阿波羅表示：「哇，我們一起加油。」阿提米斯則說：「現在我們必須利用這東西覓食。」隨即出發去打獵，但阿波羅覺得這工作對他來說有點太辛苦，於是他跑去找圍成一圈坐在那裡聊八卦的女神們，「妳們有點心嗎？」神聖法律的女神泰美斯問：「你姊姊呢？所有辛苦活兒都是她做的。」不過阿波羅對她露出迷人微笑，泰美斯隨即改口說：「噢，真是個小寶貝。」於是她們餵他吃安布羅西亞（Ambrosia），也就是神的食物，這東西美味又甜滋滋，阿波羅因為大量糖分突然一陣興奮，並說：「我將是里拉琴和箭術之主。」（這行為很無禮，因為弓箭是他和阿提米斯一起發明的，而且她也射得很好），我還會為人類解讀宙斯的想法。阿提米斯帶著一隻死松鼠回來，她說：「要死了，無論他在吃什麼，我也可以吃一點嗎？」其他女神表示：「不好意思噢，甜心，好像被妳弟吃完了。」阿提米斯只好說：「沒關係，我也不是真的想吃啦。」然後把松鼠烤了。

同時間，金童誕生的消息傳開，宙斯也因此來訪，看見阿波羅就如所有神所描述那般美好，於是他借來電吉他演奏了槍與玫瑰（Guns N'Roses）的〈我甜美的孩子〉（*Sweet Child O' Mine*）；所有神歡呼，阿波羅心想：「我爸超級酷！」並用里拉琴合奏，所有神哈哈大笑並說：「哎呀好可愛噢。」宙斯龍心大悅，給了他最新的兒子一個黃金頭帶。

不過阿波羅感覺不太開心，因為阿提米斯被徹底忽略了，而她畢竟是他姊姊，而且還是她為他接生，因此儘管他想到要破壞這條美麗的新頭帶就覺得討厭，但他還是把頭帶一分為二，一半留給自己，另一半送給姊姊（其實很沒必要，因為這樣一來誰也戴不了）。不過她很感謝他的心意，大家也都說：「哇，阿波羅確實從裡到外都是個金童呢！」宙斯更是對這個兒子驕傲得超級無以復加（先假設這有可能好了），決定這整座島都應該是黃金，並將它重新命名為提洛島（Delos），易捷（EasyJet）航空開始規劃飛到這裡航班，崇拜

11 阿波羅和阿提米斯並不喜歡你提他們老母

希拉發現勒托的事後大發雷霆。「你說剛出生的助產士是什麼意思？」她對荷米斯吼道；跟平常一樣，荷米斯還是擔任信使的工作。

「嗯，基本上，她在自己出生沒幾天後為她弟弟接生。」他耐心地解釋道，然後他告訴希拉，不只勒托已經順利生產，阿波羅也已經成為宙斯最愛的其中一個孩子。「顯然他就跟邁達斯（Midas）[10]一樣能點石成金。」他苦澀地說。嫉妒邁達斯王已經夠糟了，現在還有一個新的同父異母弟弟要羨慕。

10. 希臘神話中的佛里幾亞（Phrygia）國王，擁有點石成金的力量。

希拉也不開心。她放出一整群冥界怪物去摧毀她的新敵人勒托，包含額外補刀要巨人提堤俄斯（Tityos）去強暴她。這些來自地獄的生物頗令人畏懼，因此那對雙胞胎沒有建造營地或爬樹，反倒被迫把他們大部分的童年都消耗在確保他們的母親不被殺死，全因為一個名叫希拉的瘋婊子。

但他們撐過去了，揮舞著他們發明的弓和箭，變成優秀的戰士，直到所有怪物都被趕回地獄。這對生氣勃勃的雙胞胎對自己很滿意，不過這時又一個醜陋的敵人現身；此敵人名為毀謗，破壞力更勝其他怪物，而且這次甚至不是希拉派來的。看來勒托擁有一種吸引懷恨者的獨特天賦……

底比斯每年都會為阿波羅、阿提米斯與勒托舉辦慶典。勒托覺得這整件事很丟臉，阿提米斯覺得完全是在浪費時間，不過對阿波羅而言，這是他一整年的高潮。專屬於他的格拉斯頓柏瑞音樂節（Glastonbury Festival）[11]。他盛裝打扮，正在為開場致詞暖嗓，這時群眾正聚集在主舞臺附近。四十分鐘後才輪到他上場，但他喜歡跟粉絲見面，於是他走過去，做好自拍的準備，也預備幫一兩個人簽名，卻發現底比斯之后尼俄伯（Niobe）在場，正在大吵大鬧。

「各位，我們為什麼在這裡，站在炙熱的天氣下喝太貴的啤酒，為三個我們根本不認識的神慶祝？我們至少該為在地人慶祝吧，某個忠誠、跟你我有關係的人，這樣的人不會滾去加拿大，而且關心我們，某個像……我一樣的人！來場愉快的狂歡怎麼樣？費用應該差不多，但……」

阿波羅決定是時候介入了。他跳上舞臺。

「哈囉，可愛的底比斯人民，能再次來到這裡真是太棒了——一向如此。

11. 始於一九七〇年，目前全世界規模最大的露天音樂節，舉辦地點為英格蘭薩默塞特郡。

哇嗚！真是一趟了不起的旅程。二十年來，你們沐浴在我的光輝下，好神奇噢！但我到底是誰呢？好，就讓我用五個字來概述我自己……等等，慢著，我可是詩歌之神（諸多頭銜的其中一個），所以別管什麼五個字了，我們來作詩吧！」

我的名字是阿波羅，

吻，我是太陽之神，

我的嗓音高亢如鑼，

我有夠辣而且屁股翹又嫩……

尼俄伯一把搶走麥克風，「我們真的要容許這種事嗎？我是說，看看他——我們要為我們的下一代樹立什麼榜樣？他姊姊也是一丘之貉！我稍早看見她拿著弓箭打獵……一個女人，打獵？羞恥啊！」

「容我打斷一下，甜心，而且壓好妳的接髮囉，因為接下來情勢就要大風吹了。」阿波羅打斷她，「首先我想跟妳道謝，因為妳剛剛提到我姊姊，而我正在找她呢——我需要她幫我拿著鏡子，我才能看看我後面的髮型怎麼樣——我很高興得知她出去打獵了，因為我晚一點才能找她談談，她怎麼可以以為有任何事比我的頭髮還重要？第二，只要我想，我也可以超級有男子氣概；男子氣概就在我的眾神人物簡介中，但時時刻刻維持男子氣概？那還有什麼好玩的？我母親總是說……」

「你母親！」尼俄伯喊道：「她要為好多事負起責任！她用這種方式養育兩個孩子這件事本身就很可恥！而且我們到底為什麼要為她慶祝？她只生下兩個孩子而已——我個人生了十四個，而且全部好好養大。」

好，如果有人說阿波羅或阿提米斯的壞話，他還應付得了，但要是有人對他媽無禮，嗯……就跟他離開他媽陰道時一樣，他也會先亮劍的。

「妳剛剛越線了，甜心。妳記得我剛剛說要用五個字概述我自己吧？嗯，妳運氣很好，我現在想好了。我要說囉：**我、忍、無、可、忍！**」他說完丟下麥克風。群眾陷入瘋狂。他對她比出勝利手勢，給粉絲們一個飛吻，然後大步走下舞臺。尼俄伯知道她有麻煩了。超級大麻煩。

阿波羅去找他姊。她正在樹林裡給一隻野兔剝皮。他說：「老姊，有個小麻煩。底比斯之后在詆毀老媽。這樣不行，所以我們要讓她搞清楚狀況。」阿波羅不需要多費力氣說服，她就說：「去他的，我也剛好需要練習用我的新弓箭，就這麼幹！」阿波羅說：「哇嗚，冷靜，我們要在道德上占上風，如果妳說起話來像個嗜血的怪胎，我們就不道德了。」於是他們兩個前往尼俄伯的宮殿，到的時候他們全家正在吃晚餐。

阿提米斯說：「我覺得我們應該放箭後就閃。」阿波羅則說：「什麼？射後不理？我喜歡妳的想法，但我不確定現在是最好的時機——如果真要這麼做，那我先搶香腸旁那個漂亮的小子。」阿提米斯說：「別老是想些有的沒的好嗎？我是說在他們發現我們之前先殺了他們。」阿波羅看著她並說：「妳發瘋了嗎？我哪可能不把握機會戲劇化登場？」於是他登堂入室走進去，敲敲玻璃杯，清了清喉嚨後開始朗誦：

你們這位蠢媽媽，
自以為比我媽高尚，我的天啊！
恐怕你們現在都要付出代價，
沒錯，她將學會不該嘲諷找碴。

不是他最好的作品。我們沒必要說太多接下來的細節，結論是阿提米斯用箭射死七個女兒中的六個，阿波羅則打倒七個兒子中的六個。凱妮絲·艾佛丁（Katniss Everdeen）算老幾？

不過他們沒有趕盡殺絕：女兒之一克洛里斯（Chloris）和兒子之一阿密克拉斯（Amyclas）祈求勒托拯救他們。聰明的一招，因此阿波羅和阿提米斯留下他們的小命——至少這裡有些笨蛋還知道他們老媽有多棒……

那父親眼見自己的小孩死掉這麼多個，不禁勃然大怒（我猜這算合情合理的反應），他發誓要報仇，因此阿波羅也射他，有備無患囉。現在阿波羅的擊殺數超過阿提米斯了，於是她射死一隻狗。只是為了維持公平。

因為某種未知的原因，尼俄伯沒在大規模槍戰中喪命，她逃去她父親住過的斯比勒山（Mount Sipylus）。她心碎哭泣，祈求諸神結束她所受的折磨。

同時間，宙斯把阿波羅和阿提米斯叫去奧林帕斯問話。「她是一個邪惡又心機重的賤人，不值得同情。她徹底毀了我的好事。」阿波羅說道，然後在阿提米斯用手肘輕推他後又補一句：「而且她對媽真的很無禮。再說，我們是神，我們真的不該放任這種提人家老母的惡習，對吧，爸？真要說，我覺得她活該多受點教訓。我建議給她一張到懲罰場（The Fields of Punishment）的單程票。有沒有人附議？說真的，各位，我覺得這是來首詩的完美時機，或甚至一首歌？我可以來作一首——有人喊聲我就作！」

不過他甚至還沒決定格律，阿提米斯就急忙開口。這是他們第一次來奧林帕斯，她想留下良好的第一印象——她也知道，現在他們最不需要的就是阿波羅的詩。「你可以把她變成石頭。」她提出建議，但宙斯沒理她。

阿波羅附和：「對啊，把她變成石頭，她就不會再有任何感覺了。」

宙斯說：「嘿！兒子，這主意太棒了，好有創意噢！」就此建立起實行數百年的董事會會議族長制慣例。

就這樣，宙斯把哭泣的尼俄伯變成石頭，她的眼淚形成阿刻羅俄斯河（Achelous River）。宙斯太喜歡這效果了，因此他把底比斯的所有人都變成石頭。希拉的反應是：「你為什麼這麼做？因為梅杜莎的關係，本來就有一大堆變成石頭的人了啊！」宙斯的反應則是：「噢對耶，我都忘了。」

許多、許多年後，克洛里斯（尼俄伯倖存的那個女兒）結了婚，也生下孩子。阿波羅發現這件事，決定要把他從孩子的叔叔伯伯阿姨身上搶走的歲月都送給其中一個孩子。這個孩子是涅斯托爾（Nestor），一個英俊得驚世駭俗的小子，阿波羅突然很常跟他在一起；他得到這份禮物……然後活了三個世代，在他達到最高壽之前還看著他的曾孫誕生。

相較於古希臘的平均壽命，這大概像某種新的世界紀錄吧。

12

阿波羅教所有未來的房地產經紀人如何當混帳

看啊，又是阿波羅的故事！說真的，這整本書有可能都在講他，但並不會，這是屬於宙斯的書。而身為宙斯的兒子，阿波羅只是整體之中的一個註腳。他絕對不會喜歡這樣，因為他最愛的就是受到關注。而且大家都崇拜他。

因此阿波羅花了好幾年的時間在世界各地找尋建造神廟並降下神諭的地方。

「如果妳想要妳的預言造成衝擊，唯一重要的只有地點、地點、地點，他這麼對阿提米斯解釋道。」

他在房地產交易應用程式 Zoopla 設定通知，走遍各地，但都沒有看上眼的物件，要不是距離社交圈太遠，不然就是看不到夕陽。戶外空間也很重要，最好附一兩座噴泉。他看了幾個可能合適的物件，但都需要太多整修——DIY不是阿波羅的強項。他心灰意冷，眼看就要放棄照到夢想神廟的希望了，於是他找他姊姊幫忙。隔天阿提米斯就來告訴他，她找到完美地點了。

「不用這麼開門見山吧！」阿波羅說。

「我覺得你一定會非常喜歡。」阿提米斯回道。

「不是，我說真的，不要一開門就說這種事，進來再說好嗎？老是有蒼蠅飛進來，牠們一直嗡嗡響，把我煩死了，害我完全沒辦法專心冥想。」

「你才不冥想。」

「好啦，隨便……就當我在睡覺。我想睡的時候牠們一直把我吵醒。而睡覺基本上就是冥想啊，所以……」

「噢，少自以為了。走吧，我帶你去看看那地方。」

於是他們跳上太陽車，稍微吵一下該由誰來駕車，最後阿波羅贏了，因為他說：「我就是名副其實的太陽神，阿提米斯，讓月亮女神駕駛太陽說得通嗎？不，一點也說不通。」阿提米斯說：「隨便啦！」不過她基本上還是一路在乘客座指揮阿波羅，就這樣來到德爾菲（Delphi），他的神廟很快將落成於此。他們一到這裡，阿波羅就說：「要命，我愛死這裡了，感激不盡耶，沒想到妳居然真的幫上忙，老姊——沒懷疑過妳。」阿提米斯的反應是：「嘿，我願意為你付出一切。」這真的是非常感人的手足時刻，直到阿提米斯射死一隻經過的雄鹿。

「有必要這樣嗎？」阿波羅問道。

於是阿提米斯射死另一頭鹿，隨即轉身要走，但又想起一件事，「噢，順帶一提，記得嗎，明天是父親節。我負責母親節，所以這次輪到你了喔。」她說完便衝進附近的森林。

「真要命！」阿波羅咕噥道。宙斯的小孩太多了，父親節變得有點競爭意味。雅典娜通常都用一張體貼的手工卡片打敗其他人，因此他今年打算創作一首特別的老爸饒舌歌。不過他走進新家，立刻把父親節忘個一乾二淨。他滿意地嘆了口氣：

——我愛死了愛死了愛死了，

——別致又有波希米亞風格！

小巧精緻的廚房——有；

獨特壁爐——有；

附強力蓮蓬頭的全套浴室——有有；

躲在陰影中的時髦綠蛇……

等等，什麼?!

阿波羅尖叫，跑到屋外並立即打電話給他姊姊。

她第一次真正接起電話。

「搞什麼?!妳為什麼沒告訴我裡面有一條他×的**巨蟒**？我差一點點就要心臟病發了！」他對她吼道。

「為什麼髒話要消音？附近有小朋友嗎？」阿提米斯平靜地問道。

「真抱歉，妳可能沒聽清楚？附近沒有小孩，只有**一條他媽的巨蟒**。」

「好，冷靜。對，我想我有看到那條蛇。射死牠就好了啊。」

「不好意思，妳有看見牠多大嗎？」

「跟你的自我意識一樣大嗎？」

「噢，好好笑噢！我這輩子看過的所有東西都只有那條蛇的一半大！」

「噢是喔，亂七八糟先生！少誇張了——不就是一條蛇嗎。你已經長大成神了，自己處理。」

「喲，害我落入這番田地的人是妳，妳過來殺掉牠才公平。」

「抱歉啦，老弟，辦不到。我是『所有野生動物的守護神』，恐怕殺蛇並不包含在我的職責範圍內。」

「妳剛剛才射殺兩頭雄鹿，而且妳根本就是狩獵女神啊……」

「好，隨便啦，我要掛了，不要那麼小題大作，掰，愛你喔！」

阿波羅對電話哼了一聲，回過身面對洞窟。

「我猜只剩你跟我囉，大傢伙。」

事實上，阿波羅清楚知道這條蛇是誰。牠名叫培冬（Python）——冥界的邪惡怪物，阿波羅的曾祖母蓋亞的小孩，也就是說，他們算是親戚。好噁。幸好阿波羅還在子宮裡時就預見了培冬之死，所以他知道這條蛇終究會死。不過他不知道的是牠會怎麼死。因此他的處境有點棘手。如果他能選擇，他並不想由他本人辛辛苦苦去做殺蛇這檔事。他那受上天眷顧的美麗臉龐會有受傷的危險，而且他身上穿著他最愛的白色牛仔褲。他正打算打電話給某個人類英雄——柏修斯或傑森或某個他永遠記不住名字的傢伙——這時，三名身穿透明睡袍的女子現身。

「噢，勇敢又偉大的神啊，我們是德爾菲仙女。感謝您大駕光臨。我們怎麼有這個榮幸呢？」

阿波羅說：「哇，妳們這些美麗的女士們一直都住在這裡嗎？該死，我真的欠阿提米斯一次。不過回答妳們的問題，我有意買下這地方當作我的神廟。」聽到這裡，仙女們興奮地尖叫，「**我的天啊**，意思是你要弄走那條噁心的蛇嗎？」阿波羅的反應是：「噢嗯，哈哈，對噢，關於那條蛇。」仙女們又說：「**我的天啊**，所以你真的要把牠趕走，哇，謝謝謝謝謝謝！說真的，我們以為他們會派宙斯或阿瑞斯之類的來，因為那頭怪物實在不小，不過我猜他們可能都很忙吧。」

聽到這裡，阿波羅說：「慢著，妳們說什麼？我才不是什麼次等選項。我會戰勝這怪物，並寫一首超讚的歌謠讚頌我自己，如果我感覺特別棒，說不定還會立一座小雕像。」

於是仙女們喊起「阿波羅加油！阿波羅加油！」並突然拿出一些彩球，演出一套她們練習已久的啦啦隊招式。阿波羅說：「妳們也太吃飽沒事做了，不過我致以無上敬意。」但是仙女們隨即頗快速地消失，因為她們怕啦啦隊歡呼會吵醒培冬。

於是剩下阿波羅獨自面對培冬，還有他自己的思緒。他不知道兩者是哪一個比較恐怖。嗯，說真的，不，培冬絕對比較恐怖。他努力不去想他最後會受到哪些嚴重的傷，這時他收到一個包裹。赫菲斯托斯送來一套手工打造的弓箭。阿波羅的反應是「**他媽的**太棒了，同時**他媽的**不妙」，因為這代表赫菲斯托斯知道發生什麼事，也代表其他神都知道，更代表他不能叫別人來屠蛇然後居功。阿波羅只好壯起膽子，走進洞窟內。不過很難一面擔心弄髒白色牛仔褲一面跟像培冬這樣的滑溜大型對手打，有幾次那東西壁咚阿波羅，而他失神……但他腳步很快，新弓箭也用得很順手，因此在一場不分軒輊的大戰後，阿波羅終於一箭射穿培冬的肺，了結牠的性命；這頭巨獸發出一聲令人血液凝結的尖叫，癱倒後盤成一圈，吐出腥臭的最後一口氣。滿身大汗又筋疲力竭的阿波羅倒在蛇身上，準備來場午睡。

數小時候，德菲爾仙女們（依然穿著睡衣）喚醒他。她們欣喜若狂。先前那條蛇毀了她們的生活——阿波羅是她們的英雄！阿波羅說：「女士們，不用客氣，簡單得要命，還有其他怪物要殺嗎？因為我可以再殺個十隻像這樣的混蛋也不成問題，我百戰百勝！」仙女們說：「你提起這件事還真有趣，說真的，因為就在前面轉角……」阿波羅立刻說：「好了，別太貪心了，我才剛為妳們幹一件大事，妳們都沒有一點感激之情嗎？」仙女們說：「噢，當然，不好意思，我們真心感謝。」阿波羅則說：「不用放在心上啦。」因為她們有點怕他，他也頗陰晴不定，她們二話不說便把洞窟送給他。

於是阿波羅搬進去，也重新裝潢一番，一切都棒極了，只有一個小到不能再小的問題——仙女們實在是非常糟糕的祭司。他很不願意這樣說，因為她們給他很多方便，但她們實在不是很莊嚴，只會傻笑，這很棒沒錯，但凡事可以剛好就好嗎！阿波羅還來不及登廣告找新員工，他又被他爸叫去奧林帕斯。要命。他為什麼不去買張卡片就好？

結果宙斯不是想跟他談這件事。他說：「聽著，兒子，我一點兒也不在乎培冬（事實上，擊掌——幹得好啊！），不過誰知道他居然是蓋亞最愛的孩子之一，而你也知道你曾祖母是什麼樣子——很難對她說不。」阿波羅咕噥了一句「膽小如鼠」，宙斯說：「不好意思你說什麼？」阿波羅說：「噢，我看見一隻老鼠，哈哈。」宙斯嗯哼了一聲，但他沒追究，因為他不是非常確定膽小如鼠是什麼意思，是稱讚嗎？

「總之，如果我沒照那位大女士說的做……我說大指的是力量方面，跟她的體型一點關係也沒有，哈哈……總之，如果我惹她不高興，她會直接興風作浪……你知道的，地震、火山、全球疫情，諸如此類。這沒什麼，我們都有需要發洩的時候，但你也知道人類是什麼模樣，他們不是很耐用，而讓他們承擔我們做的事所造成的後果不是很公平。而且如果他們死掉，我就只能跟我老婆睡了。你我都知道這有多不幸。重點來了，因為你犯下謀殺罪，蓋亞想把你放逐到塔爾塔羅斯，這做得有點絕，因為所有硬派邪惡生物都被關在那裡，而你頗……敏感。但是不用擔心，我想出一個所有人都會滿意的懲罰。你將被逐出奧林帕斯，成為一個人類的奴隸九年。玩得開心點喔！」

於是阿波羅突然發現自己來到人間，他心想「這肯定是在開玩笑吧，我並不真心認為爸是認真的。」他試著瞬間移動去找應該要成為他主人的阿德墨托斯（Admetus）國王，但沒反應，他的神力消失了。他現在基本上就是個人類，「嘔，好噁心啊！」他艱苦跋涉到宮殿，而當他看見國王，他判定情勢看漲，因為國王性感又有腹肌。於是阿波羅對他說：「你有上音樂串流平臺嗎？因為你肯定是本週最熱門單曲。」阿德墨托斯說：「不好意思，我不懂你在說什麼，什麼是音樂串流？」阿波羅心想：「靠！當然啊，又還沒被發明。」

接下來是一段尷尬的沉默（不過空氣中充斥**濃濃的性張力**，幾乎可以拿來塗麵包了），直到阿德墨托斯說：「跟我來，我讓你看看你該做些什麼，我想要你當我的牧夫。」他帶阿波羅去看乳牛和一間小屋，還有一張小椅子；他對阿波羅解釋，在牧場站一整天後會全身僵硬，所以才需要這張椅子，阿波羅表示，「如果我在你身邊待更久，我可以想像還有其他東西會變硬。」不過他顯然只是放在心裡沒說出來，因為他今天已經在阿德墨托斯面前丟過一次臉了，他並不特別想再來一次。總之，這時阿德墨托斯把新衣服交給阿波羅，隨即離開。

阿波羅看著手上的精品，心想：「我絕對不穿這些東西，尤其附近還有一個我想讓他留下好印象的性感國王。」於是他抓起一把羊毛剪，稍加修改，一面想著不知道有時尚之神了沒（到了這個時候，神已經不知凡幾，很難記清楚有哪些），因為這些新衣服令人作嘔，而他無疑視自己為太陽、音樂、光、藥物（稍後把這部分分給他兒子了——感覺太辛苦）、箭術、舞蹈、詩、預言、性感（他自封的），以及好看之神。

那晚，牧牛整天後，阿波羅進宮，他覺得應該會有一場為了榮耀他而舉辦的奢華宴會，但很快被告知身為僕人的他要在僕人區用餐。他的反應是：

「噢，好，沒差，都可以……」不過他已經開始列清單，記錄他又變回神之後要弄死哪些人。不過幸虧這些人，阿德墨托斯偷聽到了（而且不小心透過阿波羅剪開的托加袍看見六塊肌）。他說：「噢，別傻了，你當然能來跟我一起用餐。」阿波羅說：「當真？我不想僭越，不過心想感謝天殺的命運！跟僕人一起吃飯？這些人知道我是誰嗎？」

晚餐只有他們兩個人，他們安靜地享用鵪鶉蛋和孔雀腦，不過性張力依然彷彿可以觸摸得到，阿波羅覺得阿德墨托斯一定非常害羞。就連阿波羅都覺得有點忸怩，而他可是從不忸怩的。他下定決心要飛撲上去，看看這個晚上會有什麼發展，這時阿德墨托斯突然脫口而出：「我遇到嚴重的戀愛問題……」

真是他媽的破壞氣氛。

原來阿德墨托斯迷戀上一個美麗的女孩，但不知道她是否也有相同感覺。看看阿波羅的樣子，他把妹肯定暢行無阻，他能否提供一點建議呢？

阿波羅心想：「我就不能他媽的休息一下嗎？」雖然他挺喜歡國王提起他好看的樣子。但是他對自己講道理——這傢伙真的很殷勤待他，而且說到感情事兒，他也確實是專家，更別提他的經驗有多豐富，因此不妨傳授一點他的智慧吧。

「嗯，根據我多年的經驗，我學到一件事，那就是女孩都喜歡吊胃口。所以別表現太多愛意，尤其是剛開始的時候。」

阿德墨托斯點頭並說好的，有道理，阿波羅則是心想「要命，這男人有夠性感」，這時他萌生一個大膽的想法。

「另一件事是，來到重要關頭時，你必須確定你完全知道自己在做什麼。自信最能點燃慾火了。」

阿德墨托斯繼續點頭。

「所以，我在想，不知道你那方面行不行？」

「嗯……很難說耶。」阿德墨托斯坦承道。「上一個跟我約會的女人說我很厲害，但我擔心她只因為我是國王才那麼說，她不想被砍頭之類的。」

「這個嘛，」阿波羅說，「或許我們該測試一下？我要你讓我看看你都怎麼做，現在就跟我做。」

「等等，你是說，吻你？」阿德墨托斯說。「那不會有點……GAY嗎？」

「呃……會，有問題嗎？抱歉，但我們是在古希臘，不是嗎？還是說……等等，你是……你是在告訴我，你從來沒跟男人性交過？寶貝兒，我的天啊，只跟一種性別的人交往，真是太荒謬了！我是說，可能的樂趣不就減少一半了嗎？」

「欸，我猜如果你這樣說……」阿德墨托斯喃喃說道，然後猶豫地靠向前親吻。

我們可以這樣說，從此阿波羅夜夜與阿德墨托斯單獨共進晚餐，還有幾次早餐和午餐。到了阿波羅的九年結束時，他們已經搬進同一個房間，而且整個宮廷都知道他們有一腿。因此當阿波羅回復神的身分，他告訴阿德墨托斯他要獎賞他，因為阿德墨托斯是一個如此優秀的主人，又極為善待他。（說到這裡時，他低聲說「尤其是在房間裡」；但他只能低聲說，因為他爸也在場，而他爸如果得知他基本上整個受懲罰的期間都在享受極美好的性愛，應該不會覺得太高興。）

阿波羅說要幫阿德墨托斯把到他想要的那個女人。事實上，阿波羅已經跟她說過話了，而且她答應要嫁給阿德墨托斯！

他真正的意思是，他先找出她，並直接對她說：「聽著，姊妹，我是神，所以別想違抗我。我要妳去嫁給我那個性感的朋友阿德墨托斯。」

阿德墨托斯的反應是：「哇，謝了，不過說真的，我現在真的想娶她嗎？我是說，我跟你共度了幸福快樂的九年，我不是很確定還有什麼比得上那段時光。」阿波羅說：「哇，你實在超級貼心，我會想念你的，不過我們還是先記住你只是我主人、我們只是朋友，因為**我爸也在這裡**，哈哈。總之，你跟你的新妻子一定會幸福快樂。」於是阿德墨托斯慢悠悠地離開，阿波羅一直揮手揮到再也看不見他為止，然後他轉過身，發現他父親正眉開眼笑地看著他。

「這才是我的好孩子！」宙斯說。「你騙不了我的——藉由勾引老闆逃避工作是吧？**我愛死了！**果然有其父必有其子啊，哈啊哈啊哈啊。」他拍打阿波羅的背。

阿波羅心想：「好吧，並不是我預期中的反應，不過我猜像爸這樣幾乎每隔一天就做愛，他應該不會因為我跟他一樣就生我的氣吧。」宙斯說：「要命，你聞起來像人類，我有點喜歡這種味道，所以我現在好怪噢，好像受你吸引耶。」阿波羅的反應是：「嘔，爸，很噁心耶，我可是你兒子。」宙斯說：「對我而言這種事不構成阻礙，不過保險起見，我們還是去把你淨化一下好了。」於是他們兩個展開一場公路旅行（雅典娜算哪根蔥），去坦佩谷（Vale of Tempe）沐浴在皮尼奧斯河（Peneus）的河水中。

沒錯，皮尼奧斯。宙斯施行淨化儀式，這是一個真正的父子親密時刻，因為皮尼奧斯很神聖，所以不能穿衣服。宙斯說：「把阿德墨托斯的事一五一十告訴我吧。」而阿波羅本來就很想傾吐了——他說出了所有私密的細節。在回家的路上，他們停下來買外賣；回到家後，他們在門口遇見緊抿著嘴的雅典娜。

宙斯說：「哈囉，親愛的，妳今天睡得比較晚喔。妳絕對猜不到——阿波羅償還了血債，所以蓋亞要讓他重新掌管神諭！是不是很棒啊？我真是驕傲。」他說完就上樓了——在皮尼奧斯河水中聽完阿波羅的所有故事，他絕對需要躺躺。

雅典娜說：「你知道嗎，阿瑞斯覺得他也做得來。我希望你知道，我永遠都是爸的最愛。」

阿波羅回應：「這只是妳的想法！無論如何，祝妳戰爭遊戲之類的玩得開心啊——我要去看看我的預言神諭放鬆一下了。」

不過阿波羅一回到德爾菲、安頓好，也熟悉了神諭之後，他發現他還是沒有像樣的祭司，因為仙女們還是穿著睡衣到處傻笑。他心想「要命，我們怎麼會還卡在這裡？都快十年了耶，居然什麼也沒改變？」因此他跳進海裡，把自己變成海豚，到處游來游去，直到他發現一艘滿載克里特島人的船。他心想：「嘿，沒魚蝦也好囉。」於是他維持海豚的形體跳上船——跑酷！船上的所有人都有點生氣，因為他潑得他們一身濕，不過他們也覺得：「嘿，我們應該抓住這隻海豚，把牠賣到馬戲團之類的地方海削一筆。」

這時阿波羅回復真身並說：「啊哈哈，好了啦，別鬧了，我是神，沒錯，接受事實吧！還有，身為神，我會讀心，所以我知道你們剛剛打算把我賣掉，所以，為了彌補我，你們來當我的祭司、為我服務怎麼樣啊？從各方面看都雙贏喔！」

克里特人心想：「好吧，我們也不是說真的有其他選擇，而且如果我們要服侍神，至少這是一個好看的神。」於是他們跟著阿波羅去試穿袍子、搞定食宿問題，諸如此類，就這樣成為德爾菲的僕人。剛開始幾週，阿波羅沒出門，只是練習冥想、跟神諭好好相處，但這實在不是他的風格；沒過多久，他就開始跟希柏里爾（Hyperborea）的希柏里爾人鬧整晚。德爾菲人唱聖歌、乞求他回去，於是他說：「好吧。」便帶著嚴重的宿醉蹣跚回家，接下來整天都在鬧脾氣。不過他們沒讓宙斯知道他開趴的事；宙斯對阿波羅這個兒子無比滿意，還讓阿波羅在奧林帕斯坐在他右手邊的位置。

雅典娜氣得幾乎說不出話來。尤其在阿波羅終於想起父親節，並演出他那首糟糕的老爸饒舌歌之後。宙斯龍心大悅，又送給他其他禮物，包含一套黃金弓箭、黃金太陽車和整個德爾菲城。

阿波羅傳了一則訊息給雅典娜：「吃我這招吧！爸最愛的孩子上。」

因為他們都知道，如果你要當個混帳，只要你是宙斯的寶貝，你多半可以安全脫身。

13 凡人學習逆來順受

阿提米斯的整個童年都在保護她媽，或是避免她弟惹上麻煩，因此她離開提洛島後做的第一件事是跟她父親提出一些要求。她吃過很多苦，他至少可以做這些事，其中包含：

1. 永遠維持處女之身——幫她母親度過歷時九天的生產後，這一點排在清單的很前面。
2. 給她額外的名號，好區別她和她弟——所有有兄弟姊妹的人都會認同阿提米斯。

3.一套獨眼巨人打造的弓箭——如果箭術之神的頭銜已經被阿波羅搶走，她至少可以擁有一把比他好的弓吧？（理由如上）

4.一件長度不會妨礙打獵的裙子——她必須納入一些她知道她父親會答應的項目。

5.統御所有山脈——好過一片攀岩牆。

6.掌管她自己的一群女孩，人數約六十——因為女孩最棒。

7.擁有幫助女人度過生產的能力——以防希拉又打什麼主意。

宙斯讀完清單，除了短裙那項之外逐條挑毛病，不過最後還是同意了女兒的所有要求；她在他臉頰上一吻，宣布她要搬去樹林裡過她的完美人生，遠離其他神（以及整體而言所有男人）。宙斯有點吃驚，他看著這個八歲大、頭髮編成辮子以便活動的女兒問道：「什麼時候要搬？」阿提米斯說：「現在，我都打包好了，掰掰！」說完便走出大門。宙斯的反應有點像是：「哈哈哈，好啊，隨便。」不過又心想「該死，我要怎麼跟她弟說？還有她媽？」不過他又想，「說實在的，勒托也是個嬉皮。我的意思是她幾乎在水中生產耶，哈啊哈啊……她在想什麼啊？我相信她一定能接受的。就自我探索那套啊。」

於是宙斯繼續統治奧林帕斯（或……你知道的……讓雅典娜代勞），沒再想起他的那個女兒。阿提米斯覺得沒差，因為她搬出去後也不曾再想起奧林帕斯或她爸。她太忙著在樹林裡開疆闢土，為終極戶外冒險營到處招募使女。大多數女孩都很喜歡，不過其中有少數提問：「男孩都在哪？」阿提米斯的反應是「讀一下附屬細則好嗎——妳們必須棄絕所有男性，並永保處女之身；順帶一提，妳們知道希臘男人認為女人是中空的，需要定期被穿刺，不然她們就會死掉？」她們說：「我們不知道……」於是她們決定留下來，只有幾個因為太渴望老二而忍受那種事，因此她們說：「哈哈，噢，好喔，對，我要走了！」凡是有人質疑阿提米斯為什麼她們必須維持處女，她就說維持處女會讓她們永生不死。無論這是否為真、她只能賜予處女永生，抑或阿提米斯只是一個輕賤女性慾望的混帳，嗯，我們的想法應該差不多。

唯一獲准進入營區的男性是阿波羅，他來訪過幾次。阿波羅覺得能在德爾菲的夜夜笙歌之間稍微喘口氣很不錯，也很高興能見見他的姊姊。他看見一些使女帳篷的床邊有衛生紙團，吃了一驚；或許姊姊有他所不知道的一面？但她很快便端正視聽：「噢，不是啦。我完全不涉入那種事。不，我禁絕男性（當然了，你除外），因為男人就是……嗯，男人……不過她們想跟其他女孩做什麼都可以。」她轉為耳語——「不過我還真搞不懂她們為什麼會想做。」

阿波羅深情地對他姊姊微笑，想著真是太怪了，他們母親竟生下一對雙胞胎，其中之一沉迷性愛，另一個則對性愛一點興趣也沒有。他們無疑在光譜的兩端。

有一天阿波羅又來到營區，正在看他姊姊把一隻獾去皮，這時他開口：「順帶一提，我在想——妳應該找個時間請爸來這裡，他會很想知道妳都在忙什麼。」

「是噢，說得好像真的咧！你知道他壓根兒不把我看在眼裡。我也接受，我的意思是我真的完全不在意。」她說話時手中的刀一滑，不小心割到獾的動脈，血噴得到處都是。

阿波羅揚起一邊眉，「嗯，至少考慮一下吧。」

於是阿提米斯考慮了一下，最後，她心想我還能有什麼損失？

於是她傳訊息給她爸。

宙斯到來的那天早晨，她把所有人叫過來並說：「我知道我跟妳們說過要發誓棄絕男性，但這是我爸，而且他是諸神之王，所以請對他好一點。」因此他到的時候所有人都鞠躬並說：「陛下。」說完隨即出發去打獵，因為就現實層面而言，她們實在一點也不在乎這個一臉大鬍子的大個子男性。阿提米斯說：「所以呢——你覺得怎麼樣，爸？」宙斯說：「要命噢，也太多火辣小姐了，妳這個營地真完美，阿提米斯！」阿提米斯說：「不是啦，不是那樣！」宙斯則說：「不用擔心，妳沒必要假裝。」阿提米斯說：「不是啦，爸，你不懂！」宙斯說：「可以確認一下嗎——我想應該是百無禁忌吧？就是完全沒有規則之類的，挑你看上眼的人就對了？」阿提米斯說：「**我的天啊！**我就知道不該找你來。爸，我發誓，如果你對我的任何一位獵人做任何事……」宙斯則說：「噢，抱歉，她們都是妳的嗎？我猜應該算公平的所有權吧？」阿提米斯吼道：「滾出去！」宙斯表示，「好啦，好啦，沒必要反應過度，我這就回家。不過我大老遠跑這一趟，我回去時想繞去看看風景。」阿提米斯說：「隨便你，滾！」

宙斯繞營區走了一圈，只是到處看看，不過附近都沒人，因為她們都出去打獵了，因此他想他還是回家好了，這時他看見卡利斯托（Callisto）。她回來得比較早，因為她是最優秀的獵人之一，已經獵捕到她的晚餐。她超級健美，而且一身是汗；宙斯看了她一會兒，細細品味她的及膝短褲、結實的體格和剪得極短的頭髮。她有一種氣質，跟他一般引誘的那種女孩截然不同——或許他需要採取新做法。他回想稍早其他獵人都是怎麼看他的女兒，心想「賓果！」一他把自己的外貌變成阿提米斯，然後開始裝哭。他沒實際看阿提米斯哭過，所以只是裝個大概，但他成功了。

卡利斯托立刻走過來問：「你還好嗎？」

假扮成阿提米斯的宙斯說：「沒有啦，只是我剛剛看到我爸……他真的好棒，我擔心我永遠比不上他。」

卡利斯托皺眉，「什麼？」

假扮成阿提米斯的宙斯說：「說真的……我現在很需要抱抱。」

卡利斯托心想，「要命，我的機會來了——阿提米斯敞開心胸？沒聽過這種事！」於是她上前擁抱，一面想著這絕對值得在日記裡記上一筆，這時宙斯變回他自己，並強暴了她。

他稍微有點習慣做這種事了。

幾個月後，阿提米斯震驚地發現卡利斯托的肚子大了起來。當時她們全部一起泡澡（這種一年泡澡一次的活動真的很方便隱藏懷孕），她質問道：「妳為什麼打破守貞的神聖誓言？」卡利斯托說：「宙斯強暴我！我也不願意！」阿提米斯說：「真的嗎？」顯然當時其他女孩都不在，因此卡利斯托沒有證人；而因為卡利斯托是最優秀的獵人，可能還是阿提米斯的最愛，其他女孩原本就不特別喜歡卡利斯托，因此她們紛紛表示：「前幾天我好像看見卡利斯托跟一個男人在她帳篷裡」；「噢，我看見她在廁所裡」；「對啊，我在河邊看過她至少跟三個男人在一起」……卡利斯托說：「大家別鬧了好嗎。」豈料阿提米斯說：「我想我別無選擇。卡利斯托，妳被逐出姊妹會了。」於是卡利斯托打包行李，獨自走入樹林，並在這裡生下阿提米斯的同父異母弟弟。她把他取名為阿卡斯（Arcas）；因為這次生產相對而言不太痛，因此她安慰自己，或許身為生產女神的阿提米斯並沒有徹底拋棄她。

那麼是苦中帶甜的結局囉？當然不是，別忘了希拉！宙斯的行為沒有逃過希拉的法眼，當她看見卡利斯托因為身心如此協調，生產過程狂野又自然，希拉心想：「我來幫她更進一步，把她變成動物好了，真是有趣又詩意的正義。」她還在掙扎該選什麼動物，這時荷米斯和戴歐尼修斯又帶著一箱戴歐尼修斯的酒到來。希拉要他們一起腦力激盪。思考過半個動物王國後——戴歐尼修斯對天竺鼠有偏見，誰想得到？荷米斯的首選是送信的鳥兒，原因顯而易見——他們最後決定選熊，因為熊常常被以頗為可怕的手段殺死。因此卡利斯托才剛生下阿卡斯寶寶，她隨即覺得身體有點怪怪的，她心想「該死，我是懷雙胞胎嗎？這感覺不太對！」不過她還沒意識到，就已經變成一頭熊了。當然，卡利斯托熊沒興趣當媽媽，於是她拋棄阿卡斯，因為她現在只對鮭魚和蜂蜜感興趣。

不知怎麼地，這個男嬰居然活下來了。他是被鄰近的村莊找到並當成他們的一分子養大嗎？或是由一群狼在叢林裡養大他，然後一頭熊教會他所有生存必備技能嗎？還是說，其中一名使女覺得阿提米斯對卡利斯托太嚴苛，因此偷偷收留阿卡斯？我們無法確定，但我們知道的是，無論是誰養大阿卡斯，那人也把狩獵技巧傳授給他，因為他非常擅長射箭。有一天，他在外面狩獵時遇上一頭熊。這頭熊感覺非常熟悉。希拉、荷米斯和戴歐尼修斯在奧林帕斯摒住呼吸看著。

「把該死的爆米花拿過來。」荷米斯說。

「我還要可樂。」戴歐尼修斯說。

阿卡斯舉弓搭箭，卡利斯托熊站立起來，準備自我防禦。奧林帕斯三神動彈不得。這是他們的最後一季大結局了，劇情扣人心弦。阿卡斯正要一箭射入他母親的心臟，這時……**他們兩個都消失了！**就這樣，消失無蹤。

奧林帕斯山上觀看的神吐出挫敗的呼喊，「搞什麼啊？」希拉起身，她火冒三丈。「肯定是宙斯幹的好事。」她說道，「我說的準沒錯。」接著她衝了出去。

荷米斯用手肘輕推戴歐尼修斯，「這代表希拉又要訂一大箱酒囉！」

希拉發現宙斯正在他的辦公室用電腦。他迅速關掉他剛剛打開的分頁，並拿一個抱枕過來放在腿上。

「是你幹的？」她說道。

「寶貝，我不知道妳在說什麼。」宙斯回道。

希拉怒瞪著他，宙斯舉起雙手投降，一面祈禱抱枕不要移位。

「好吧，好，是關於潔西卡嗎？我發誓那只是一夜情！」

「你這混帳！」希拉尖叫。

宙斯心想「靠！我以為賭潔西卡很安全，因為她最可能被八卦。現在選項有太多女人了……我需要更多線索！」於是他說：「甜心，怎麼了啦？」她說：「少喊我甜心，你幹嘛插手卡利斯托和阿卡斯的事？」宙斯的反應是「妳說誰？」希拉覺得他只是在裝傻，不過現實的情況是他睡過太多女人，他只記得其中一半的名字。這有時候真的太過尷尬，他甚至開始假裝自己有失憶症。但是希拉接著說：「那隻該死的熊！」宙斯這才醒悟，因為在他睡過的眾多女人中，只有一個後來被變成熊。

因此他開始「哈哈哈哈哈，哈哈哈啊哈……」支吾其詞後說出：「請不要恨我。」希拉說：「至少告訴我你把他們兩個都送去塔爾塔羅斯之類的地方了。」宙斯看起來有點膽怯，希拉說：「但他們兩個都死了，對吧？」宙斯則說：「對啦，對啦，他們都死了，但是……」

「但是怎樣？」希拉問。

「欸……我把他們變成星座了。」

希拉勃然大怒，因為這是可椿大事。（神經常把這種事當成獎賞——看啊，他剛剛阻止了世界末日並為此犧牲性命。太棒了，把他變成星座吧。）更糟的是，他還把他們變成大熊座和小熊座，因此他們基本上算是獲得永生永遠在一起。這對希拉來說，感覺像被狠狠甩了一巴掌——每天晚上滿天星辰都提醒著她丈夫的連環出軌。

因此，在憤怒與幾杯伏特加的火上加油之下，她上門拜訪了幾個神。其中之一是河神之母泰西絲。波賽頓和泰西絲之間有些複雜的關係，不過長話短說就是她能操控海洋。希拉解釋自己的情況，並請求泰西絲確保兩個該死的熊星座永不相遇。她知道泰西絲有這種力量，因為她能把大海分開。泰西絲最後答應了。希拉筋疲力竭但得意洋洋，她回到家，發現宙斯在等他的晚餐。

於是她幫他做了燉熊肉。

14

阿提米斯沒興趣當炮友

阿提米斯在樹林裡過著她的完美人生，跟一群女人一起遠離男性的目光，偶爾需要幫忙接生的時候才到鎮上走一趟。諸神在高高在上的奧林帕斯為了神才有的瑣事爭執不休時，她則是獵捕自己的晚餐、拍撫她的狗兒。讓故事就這樣下去不是很好嗎？只是一群女人在森林裡自得其樂？但很遺憾我們不能這樣，因為就算在神話中，男人還是存在。阿提米斯或許恨男人，但男人卻不恨她。各種男人花招百出。偶爾，在辛苦狩獵一天之後，圍坐營火旁，她的女獵人們會說服她洩漏一些祕辛。一天晚上，她們求她說阿克泰翁（Actaeon）的故事（她們最愛的故事之一）。她幾杯蘋果酒下肚，於是答應了……

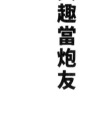

當時是盛夏時節，她帶著新人出去打獵。一些神話動物到處為非作歹，弄得附近村落一團亂，因此宙斯委託阿提米斯去做個了結。任務艱難，不過沒什麼女孩們應付不了的事。唯一的問題是其中一個女孩——阿提米斯不曾透露她的名字——她有體臭。

美其名是氣味濃郁，但事實上，女孩A臭到神話動物在一里外就能聞到她。如果你想跟蹤，這可確確實實是個問題。不過女孩A初來乍到，阿提米斯不想傷害她，因此她說：「嘿，各位，我熱得要死，我們到溪裡泡泡水怎麼樣？」女孩A說：「我不知道耶，女士，我們不是應該繼續打獵嗎？」阿提米斯說：「噢，來嘛，水看起來好清涼！我們什麼都別管，跳下去吧！」女孩A說：「女士，妳們去吧，我來看守。」阿提米斯說：「不不不，沒關係的，這裡很安全。」女孩A說：「有備無患不是比較好嗎？」阿提米斯說：「妳他媽給我下水就對了！」

於是女孩們在水中潑來潑去，玩得正開心，這時阿提米斯聽見樹枝折斷的聲音。「女孩們，安靜！」她說道。她們全部飛快轉為防禦姿勢，有些人伏低，有些人拉弓。阿提米斯看見陰影中有動靜——一個男人！（故事聽到這裡，獵人們紛紛發出噓聲）。那個男人是一個名叫阿克泰翁的獵人，他發現自己形跡敗露了。

「誠摯道歉。」他說，「妳的美貌令我無法自拔，忍不住看得目不轉睛。」

雖然輕微的偷窺癖就希臘的道德標準而言沒什麼大不了，但阿提米斯還是勃然大怒。她說：「你好大的膽子，竟敢闖入我們的空間，未經允許就偷看我的軀體！」她不准他說話，因為她知道男人都是什麼德行——前一分鐘還在對妳拋媚眼，下一秒他們就在更衣室或酒吧裡大肆宣揚了。

但是阿克泰翁根本沒在聽，因為——第一，她是個女人；第二，她未著寸縷。因此他的反應是「嘿，夥伴們，這裡！（他等不及想看他的朋友發現他跟這些裸女在一起時是什麼表情！）」然而他話一出口，他的下面便開始皺縮，他心想「噢！要命，所以這就是阿提米斯的詛咒——我要失去我的好棒棒組套了！」不過其實他最不需要擔心的就是這件事，因為接著他的整個身體也開始變形，他什麼都還不知道，就已經變成一頭雄鹿。

他試著充分利用這具軀體，並和他的新鹿角和平共處，這時他聽見號角響起，他心想「萬歲！是我的狩獵隊和我的獵犬。」然後他突然想起自己是頭雄鹿，而他的獵犬對這種動物頗為熱中，他心想「噢，該死！不！不！不！」並用他的新鹿腿盡他所能高速飛躍逃離。

「妳們知道接下來怎麼樣嗎？」阿提米斯問聆聽中的獵人們。

「他被他自己的狗撕成碎片！」她們齊聲說道。

「這個故事告訴我們什麼呢？」阿提米斯問道。

「所有男人都是垃圾！」她們尖叫道。

說到這裡，她叫她們都上床睡覺，因為她的頭痛了起來。

隔天，她們正在森林裡狩獵，這時阿提米斯舉起一隻手。女孩們就預備姿勢。這時一枝箭突然掠過，正中一隻經過的林鴿眼睛，鴿子被射落。女孩們目瞪口呆——就算以她們的標準來看，這一箭也射得非常精妙。

「抱歉，」一個健壯的男子走入空地，「希望沒射到妳們。」

「你隨時要射我都可以喔。」

「我也可以！」一些過度興奮的女人喊道。

阿提米斯怒瞪她們，她們立刻閉嘴，不過空氣中依然彌漫興奮的氣氛——

她們要見識另一場變形了嗎？但是阿提米斯並不像平常一樣滿懷敵意。他還沒試圖強暴她，也沒看見她裸體——或許他還可以？（希臘神話中的男性行為標準如此之低，基本上低到海底了，但考量波賽頓之輩，或許還更低。）而且，他顯然是一個高明的獵人，而阿提米斯身為弓箭的守護神，要是有哪個人展現出對這項技藝有絲毫天賦，她總是很感興趣。因此，她沒將他變成動物，反倒是邀請他一起回她們營區。

她的所有女孩都大感驚奇，這種事前所未聞。尤其阿提米斯接下來這晚大部分的時間都在和這個名叫俄里翁（Orion）的陌生人聊天。隔天早上，她宣布要和俄里翁一起去單獨狩獵。「所以比較算是雙人狩獵。」他插話，阿提米斯哈哈大笑。所有女人都心想「現在是在演哪齣？這不是我們認識、敬愛的那個阿提米斯。」不過她的幸福比她們自己的幸福更重要，因此她們沒有殺死俄里翁，反倒同意先對眼前的情況提高警覺就好。而情況就是阿提米斯真心享受跟俄里翁在一起。他不光是一個超級高明的獵人，他的放屁笑話更是逗得她笑到岔氣。她發現自己越來越常跟他在一起。

同時間，俄里翁為阿提米斯傾倒，她是一個帶著弓和箭穿短裙在森林裡狂野奔馳的女人——完全就是他的夢中情人。雖然阿提米斯跟男性相處的經驗不多，她還是分辨得出是不是有人迷上她了。她決定先釐清幾件事。

「你知道嗎？我喜歡你，俄里翁。」她告訴他。

「嘿，我也喜歡妳。」他低聲說，並靠過來吻她。

「不，不是這樣。」她推開他。

「我不想跟你做愛之類的。天啊，就連想到親吻你都令我作嘔。」

俄里翁一臉受傷，於是阿提米斯說：「嘿，不是針對你，我不想跟任何人做愛。」

俄里翁表示：「別擔心，我懂，我可以尊重妳的界線！欸，我現在可以——我之前強暴墨洛珀（Merope）後被弄瞎，我就學到教訓了；但是赫利歐斯治好我的眼睛，還教我徵求同意的重要性。」只不過最後那部分他說得有點小聲，因此阿提米斯的反應是「等等，什麼？」他急忙表示沒什麼，反正這種談話內容讓她不太舒服，所以她也沒進逼。

隔天，阿波羅突然來訪。他直接走去他姊姊的帳篷，發現俄里翁在附近遊蕩。阿波羅心想「好喔，還真新鮮，通常我都是附近唯一的男性，但我不是在抱怨，因為這個陌生人長得真不錯。」他問俄里翁：「你來自優勝美地嗎？因為沒人比你美。」俄里翁說：「優勝美地在哪？」阿波羅說：「不重要啦，重點是我覺得你好性感。」俄里翁的反應是：「噢，老兄，哈哈，別，我跟你姊在一起。」阿波羅說：「好吧，哇！真是意料之外的轉折，但我一點意見也沒有。她也該找到一個理解她永遠不做愛的男人了！使出看家本領吧，老兄！」但俄里翁說：「等等——永遠不做？我以為只是一個階段而已。」阿波羅哈哈大笑，並說：「對啊，我也是！我花了好幾年的時間才弄懂，但我猜她就是這樣吧！」

俄里翁不是很開心，因為他並不打算過禁慾的生活，於是他說：「我知道了，我會強迫她，她就會了解她其實很享受，我們就會永遠幸福快樂地在一起了。」

阿波羅的反應是：「哇嗚！慢著——你說的可是我老姊耶。」然後他又想，「靠！我就知道我看過你——因為你跟墨洛珀的醜聞，你的八卦在奧林帕斯沸沸揚揚地傳過一陣子呢。你這個討厭鬼幹嘛來接近我姊？」

他正要把俄里翁揍成小碎片，這時阿提米斯出現了，「喂！阿波羅，不准揍人，這是我的新朋友，而且我真心喜歡他，所以如果他能保持完整，那真是感激不盡。」俄里翁說：「哈哈哈，我們只是在玩啦！對吧，兄弟？」阿波羅正要說「不是耶，兄弟，你才在跟我說你打算怎麼強暴我姊。」這時他注意到阿提米斯看著俄里翁的表情就像太陽從他屁股大放光明，一點也不誇張；他領悟到她永遠不會相信他，於是他說：「對，兄弟。」隨即閃回奧林帕斯，因為他知道如果他多待一秒，他會忍不住揍俄里翁那張巴結討好的臉，然後阿提米斯永遠也不會原諒他。於是他知道他需要發揮創意。

幸好創意也在他包山包海的管轄範圍內（呃，不盡然，但他考慮把創意加進他的清單一陣子了）。

幾天後，俄里翁出去晨泳，阿波羅和阿提米斯在岸邊。

阿波羅說：「我喜歡妳的弓和箭，老姊。妳想學我當弓箭手還真可愛。」

阿提米斯說：「嗯，我才覺得你想學你的大姊姊當獵人很可愛咧。」

阿波羅很討厭被提醒先出生的是阿提米斯，因此他說：「好啊，那我們來比射箭。」幾乎忘記這完全就是他一開始打的主意。他說：「打賭妳射不中那棵樹。」她說：「我當然可以！」說完便一箭射中目標。

阿提米斯說：「打賭你射不到更遠那棵樹上的蘋果。」他說：「我當然可以，我可是阿波羅。」他說完便也射中蘋果。

然後阿波羅又說：「好啦，我打賭妳射不到那邊那條魚。」她問：「什麼魚？」他說：「噢，阿提米斯的視力比不上偉大又性感的阿波羅嗎？地平線上的那個小點啦。」阿提米斯極目遠望，確實看見有東西，但是距離實在太遠，根本只是模糊得不能再模糊的一個影子而已，不過她看不清楚並不代表她就射不中。於是她射中了，一箭穿心。

阿波羅歡呼，她說：「我打敗你了耶，你高興什麼？」他說：「嘿，就算我沒贏，我也懂得欣賞妳高超的箭術。」她說：「你才不懂。」他說：「我懂，隨便啦，看誰先跑到沙丘上。」阿提米斯像箭一樣射出去，因為她無法抗拒挑戰，尤其是她弟的挑戰。

這天風和日麗，因此她和阿波羅接下來的整天都在岸邊玩鬧。事實上，她和她弟玩得太開心了，她壓根沒想起俄里翁。快到傍晚時，她送所有使女回家（因為阿波羅的自制力跟他們的老爸差不多），這時一具屍體被沖上岸。她先認出屍體上的箭。她轉向阿波羅，但他已不見蹤影——他沒那麼喜歡哭哭啼啼的場面——留下心碎的阿提米斯獨自面對俄里翁腫脹的屍體。她是個習慣接觸死亡的獵人，因此她沒有哀悼哭泣。她把他的靈魂拋入空中，變成獵戶座（天上的空間很快就要不敷諸神使用了）。阿波羅不曾告訴她有關俄里翁的真相，他希望他姊姊相信那個獵人全心全意愛著她。

就這麼一次，阿波羅不是混帳。俄里翁才是。

15

是不是有人提起「漏洞」？

阿提米斯哀悼俄里翁的同時，希拉正在奧林帕斯吼宙斯。這不是什麼新鮮事了。他總是惹她生氣，像是濕毛巾和髒衣服到處亂丟；或是開始做某個手作DIY，但總是半途而廢，又拒絕找別人接手做完；或是明明沒在聽但假裝有在聽。這一次，她只是發現他又搞上另一個女人。

「下一次，」她這麼說道，「我就要效法克洛諾斯了。」他說：「妳要吃掉妳的小孩？」她說：「不是，混帳！如果你再被我逮到跟別的女人亂搞，我要切下你的老二丟進海裡。」

「等等，漏洞？」宙斯心想，「她沒提到男人，或是動物，或是無生命體。」他決定先探索男人這個選項。

於是宙斯去找阿波羅；阿波羅頗為訝異，因為除非是撲克牌之夜，或是舉辦狂歡會，否則他老爸通常不會來他這裡。宙斯說：「兒子啊，你喜歡小伙子——人間最健美的小子是哪個？」阿波羅說：「噁，我才不要跟你討論這種事，老爸。而且，如果說誰是全世界最性感的小伙子，那我多半已經跟他睡過了。」於是宙斯說：「哼！算了，我自己想辦法。」

面對大多數問題，宙斯的解決方案都是把自己變成其他東西。不過希臘人慢慢了解他的動物變形了——有些人甚至開始給寵物貼標籤，才好跟實際上是宙斯假扮的動物區隔——於是他決定把自己變成老鷹。這樣他可以保持安全距離。他開始環遊人間，在世界各地找尋最健美男性的任務。他還沒發現同性戀這檔事，但阿波羅跟他說了幾個熱點，他這會兒正要去競技場跟蹤幾個油亮亮的性感羅馬鬥士，這時他看見一個名叫蓋尼米德（Ganymede）的牧羊人正在特洛伊附近的艾達山放羊。宙斯心想「啊嗚！」於是他俯衝而下，鷹爪一把抓起男人，把他帶回奧林帕斯山，因為他是一隻大得要命的老鷹。混蛋東西！

宙斯把蓋尼米德丟在他房裡，然後變回他自己。這招對蓋尼米德很管用。他不曾離開他的村子，這會兒卻置身奧林帕斯，在宙斯的房間裡站在諸神之王本尊面前。當然了，宙斯光著屁股。蓋尼米德目瞪口呆地看著他一身鼓動的肌肉、被風吹亂的頭髮，感覺到一股電流；他很確定這股電流並不是來自宙斯的雷電。宙斯因此更加抬頭挺胸。他試著問蓋尼米德幾個問題破冰，像是「你喜歡什麼音樂？」或是「你支持哪一個足球隊？」不過蓋尼米德只能以單音節回應。哇，要是宙斯早知道男人在房間裡比女人安靜這麼多，他可能會更早嘗試這口味。

於是他拋棄閒談和所有前戲，他們做愛。那滋味令宙斯驚為天人。不過他不確定這是因為他倆之間的化學反應，抑或是他知道這會讓希拉多生氣，因此他們又做一次，再做一次，追加一次。依宙斯的看法，每一次都比前一次更美好，他很確定一件事——小蓋尼米德是個珍品。

因此他表示：「我說，真是狂野的性愛。」蓋尼米德只是點頭，因為他筋疲力竭，幾乎說不出話來了。宙斯又說：「我覺得我們應該更進一步，固定下來。我不是要一夫一妻之類的，但是我可以讓你永生不死，讓你當我的斟酒人。反正剛好有個職缺有待填補，因為我的前一個斟酒人赫柏（Hebe）跑去跟我兒子結婚了，現在我能怎樣呢……自己斟酒嗎？像個農夫一樣？所以囉，你覺得呢？」

蓋尼米德還在努力喘過氣，他對宙斯豎起大拇指，因為他非常願意。宙斯滿心歡喜，他說：「歡迎來到米酒俱樂部。」但是蓋尼米德一臉茫然，於是他解釋：「蓋尼米德——跟米酒的米是同一個字啊——因為你是我的斟酒人，懂？」小伙子依然不明白，於是宙斯放棄了，他們反倒又做了一次。

隔天來到宮廷中，宙斯把他的新斟酒人介紹給大家，希拉的反應是「為什麼他看起來像整晚沒睡？你又為什麼看起來這麼洋洋得意？」他說：「噢，沒事啊。」但希拉記性好得很，而且隨著日子一天天過去，她注意到他們兩個常常四目相交。因此有一天她去宙斯的辦公室找他：「你他媽的，如果你搞上那男人，我會……」但她越說越小聲，因為宙斯在偷笑。「怎樣？」他說道，「切掉我老二？」她說：「我的天啊！你太誇張了！」宙斯說：「妳是指跟蓋尼米德上床嗎？」她的反應是「我他媽要幹掉你！」不過這時雅典娜探頭進來，「我正要去雅典，你們需要我帶點什麼回來嗎？」宙斯和希拉異口同聲地說：「不用了，謝謝！」並努力裝出他們正在進行一場文明對談的樣子。不過她一離開，宙斯就說：「好啦，對，希拉，我確實對妳不忠，但這不只是性而已，而是愛——妳看，我做了一個我們兩個的星座。」他指向寶瓶座，也就是斟酒人，還有天鷹座。然後蓋尼米德突然從宙斯的辦公桌底下探出頭來並說：「噢哇！好酷噢！」因為他從頭到尾都在那兒，而宙斯沒跟他說過星座的事。宙斯的種種行為罄竹難書，希拉勃然大怒，尤其他從來不曾為她變出過任何該死的星座。

於是她回到自己房間，大聲放出比利．歐遜（Billy Ocean）的〈越挫越勇〉（*When the Going Gets Tough, the Tough Get Going*）來聽，灌下一整瓶烏佐酒。然後她心想去他的，並收好過夜小包，跑去人間拜訪特洛斯（Tros）——蓋尼米德的父親。

離開奧林帕斯感覺還真不錯。她心想「轉換風景竟能有如此效果，真是驚人哪。」她毫無困難便找到他家，因為到處都是尋人海報，上面印著蓋尼米德的照片（看起來大約十二歲）和聯絡地址。但她沒想到他居然住在這麼一個破爛的地方。幸好她隨身攜帶乾洗手。她小心翼翼地敲門。

「誰啊？」一個一身珠子的女人打開門；她的臉尖尖，鼻子長長。

希拉退後一步。誰知道這個母夜叉身上養了什麼細菌。

「我是希拉，諸神之后兼婚姻與家庭女神。」她說道。

「那我就是米老鼠！」母夜叉說道。

「不，妳不懂。」希拉說，「我真的是諸神之后，我是來找特洛斯的。」

母夜叉上下打量她後說：「特洛斯今天誰也不見，明天再來吧。」

希拉怒髮衝冠，「明天？」

「是啊。這條路再過去有一家不錯的小旅店，他們的炸豬皮做得很好。」

希拉厲聲說道：「仔細聽著，夫人！我剛得知我丈夫搞上另一個男孩。

我袋子裡有三瓶伏特加，而且我不介意在這裡站上整晚，所以別逼我喔。我不想去什麼天殺的旅店，那個小蓋尼米德是個破壞別人家庭的傢伙，而我想跟他父親談談！」

「好啦，好啦，別激動。」母夜叉說道，然後喊道：「喂，特洛斯，有個漂亮的婊子——她要找你談蓋尼米德的事。」

特洛斯立即來到門口。兒子不在他只能自己放羊，因此他一直發狂地在找他兒子。「所以妳見過他囉？」他問道。

「對，見過。」希拉拘謹地說，「不用擔心，我知道他在哪。他被我丈夫拐去當炮友了。」她又補充：「我丈夫只是在我沒空時找點樂子，不過他顯然覺得吃虧了，因為沒人真比得上我。」

「嗯，」特洛斯說，「整個聽起來非常淫猥。妳丈夫又是哪位？」

「宙斯。」希拉回道。

「宙斯！諸神之王嗎？那一個宙斯！」他結結巴巴地說道。

希拉沾沾自喜地點頭。

「唔，誰想得到，我兒子搞上諸神之王？太神奇了！」

「你不生氣嗎？」希拉問道。

「幹嘛生氣？」特洛斯說，「宙斯有夠帥，就算是旁邊這位我老婆**席拉**（Sheila）搞上他我也不介意！說真的，我多半還會加入呢。」

他說完露出猥褻的笑。

希拉失去耐性了。

「好，我來把事情弄清楚！你兒子徹底拋棄你，也忽視他對家庭的職責，跑去跟野男人瞎搞，而你完全不在意？」

「對啊，我們家很開明。」

「所以你不會去到處宣揚大家都應該恨宙斯之類的？」（她知道若要說

她丈夫熱愛什麼，那肯定就是受人類崇拜了。）

「不會。」他說完隨即關上門。沒禮貌。

希拉心想，「好，越挫越勇，我們來翻轉一下。」

她召喚荷米斯——她還是有辦法。

「我要麻煩你送一則訊息。」她說。

「嗯，我是諸神的信使。」他說。

「我知道，」希拉嘆氣，「所以我才召喚你。」荷米斯也是她丈夫的私生子，顯然智商遺傳到他。

「我要你告訴宙斯，蓋尼米德的父親對他勃然大怒，就在我們說話的當下，他正在召集大軍，宙斯應該也整軍備戰之類的，可能甚至先聲奪人。」

荷米斯看著她，「這是真的嗎？」他或許是諸神的信使，但他也是惡作劇之神，而他感覺到有些……惡作劇的氛圍。

希拉說：「當然不是，不過我希望這個消息會刺激宙斯對人類開戰，最後導致人類生氣，就沒人再跟他亂搞了。」

而因為荷米斯喜歡來點戲劇性，他傳送回奧林帕斯，在覲見廳找到宙斯後隨即說：「嘿，爸，你男朋友的爸爸對你和蓋尼米德超生氣，你打算怎麼辦？」不過宙斯心不在焉。事實上，他沒辦法專心做任何事，因為端著杯子站在一旁的蓋尼米德看起來實在性感得要命。於是他對荷米斯說：「我來收買那個老爸。」荷米斯說：「怎麼收買？」宙斯說：「我不知道，人類喜歡什麼？馬？蓋尼，你爸喜歡馬嗎？蓋尼米德說嗯……喜歡嗎？」宙斯表示：「隨便啦，我給他送幾匹絕世良駒過去。」於是荷米斯帶著幾匹宙斯自己的馬回去找特洛斯，特洛斯的反應是「**席拉**，今天還能更加美好嗎？首先，我聽說我兒子搞上諸神之王，然後還收到宙斯大人本尊的禮物！」

他對荷米斯說：「我要先搞定我的過敏才能好好欣賞這些馬兒，不過不用擔心，我會解決的！幫我告訴蓋尼米德我好愛他，還有，下面的親朋好友都超級為他感到驕傲。」

希拉說：「等等，就這樣？大家都超級驕傲，然後一切照常？你是說沒人得到任何報應？只有我獨自受苦，是這樣嗎？」

但是宙斯太忙著跟蓋尼米德纏綿，沒空回答；事實證明，當宙斯先問過再讓他的老二出來活動，人類在神話中的遭遇就會好上許多。

還有，希拉無論如何都會吃鱉。

16 性這麼美好，萬物都去死只能算是小小代價

宙斯堅信「試過再買」。畢竟，只有這樣才能知道你到底喜不喜歡。他把這個邏輯代入他生活的所有面向，無論是食物、酒、女人……或是他姊妹。所以他在娶希拉之前才先跟狄密特做愛。狄密特原本是家裡的野孩子，但在宙斯讓她懷孕後（天殺的彈無虛發……），一切都改變了。她不再跑趴，生下一個漂亮的小女孩，將她命名為克爾（Kore）（聽起來很酷，不過實際上就是「小女孩」的意思），在西西里島（Sicily）養大她，盡可能遠離她弟弟和他那些滿腦子只有性的好朋友。

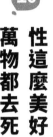

儘管宙斯完全沒有幫忙帶小孩，狄密特還是很喜歡住在那裡。她迷上營養學，因此克爾靠均衡飲食長大成人，包含全麥產品和有機蔬菜，沒有一丁點加工食品，而且對大自然懷抱健康的尊敬態度。

然而克爾卻對這套恨之入骨，她討厭她的人生就是日復一日一套固定行程，她討厭她媽不給她絲毫自由，而且她恨死穀物了。她聽說其他神都在奧林帕斯開趴，於是求狄密特讓她去，但狄密特拒絕，因為已經有謠言在傳，描述克爾是如何貌美如花，若要說有什麼東西讓奧林帕斯諸神無法抗拒，那就是新來的火辣美女了。而就狄密特所知，其中最糟的就是宙斯。

她傳訊息給希拉：

「希望妳一切安好。能否麻煩妳幫克爾下一道保護令？愛妳的狄密。」

希拉不想跟宙斯的私生子女扯上任何關係，就算是她外甥女也一樣。

於是她這麼回覆：

「抱歉，宙斯不讓我插手司法方面的事。祝好。希。」

因此狄密特決定去找宙斯，她直接切入重點。

「我們的女兒長大了，變成一個非常迷人的女性，因此我要你承諾，你和其他神都會離她遠遠的。」

但是宙斯現在有太多子女，他根本不知道哪個是哪個，於是他說：「什麼女兒？還有，用一到十來評分，她到底有多迷人？」

狄密特用膝蓋朝他鼠蹊部狠狠一撞，他痛得直不起腰。

說到底，她依然是他姊姊。

宙斯了解她的意思了。他發布一份備忘錄，上面寫著：「禁止靠近克爾——她媽精神有問題。」所有神都收到了，只有黑帝斯除外，因為郵差和送貨員都太怕他的看門狗。為他們說句公道話，那條狗確實有三顆頭。牠才剛來沒多久，冥界的其他神就想要幫牠取名匕首或毒牙或死亡之息之類的名字，但黑帝斯決定要叫牠賽柏洛斯（Cerberus），就是斑斑的意思；其他神都很關切，因為地獄之王把自己的狗取名為斑斑可不是每天都有的事。

而且說實在的，黑帝斯已經不對勁一陣子了，自從他上去人間旅行，遇見一個金髮在陽光下飛揚的美麗女孩……沒錯，你猜對了，就是克爾。黑帝斯開始聽愛黛兒（Adele）和詹姆士·布朗特（James Blount），他的顧問都很擔心。這情況真的很危險。然後有一天，他把顧問都叫過來開緊急會議。

「歡迎，歡迎，各位請進，拿塊餅乾。我推薦奶油夾心口味；我剛發現這種餅乾真是好吃得要命——嗨，傑夫，你妻子還好嗎？」

黑帝斯等到他們都坐定，閒話家常也結束，才導入正題：「各位，我覺得我喜歡這女孩。嗯，事實上，我確定我喜歡她。」所有在座的鬼魂和冥界之神都表示「哇嗚，上吧黑帝斯。」因為他們都體認到實際上找到自己喜歡的女孩對他而言是很大的一步，而且說真的，他們都沒想到真有這麼一天。

只有桑納托斯（Thanatos）除外，他說：「愛一點意義也沒有啊，所有人終究會死掉。」黑帝斯回應：「感謝你噢，快樂先生——再跟我說一遍我為什麼要邀請你來？」

「因為我是死神，所以在你的顧問名單裡排名挺前面的。」

「好，這只是一個修辭上的問題。不過總之，回到主題。我喜歡這個女孩，所以我打算用我的統治技巧等等贏得她芳心，然後我求婚，我們結婚！」

桑納托斯說：「如果她拒絕呢？」

黑帝斯則說：「對，好，謝謝你，桑納托斯，我就是希望避免那種事。」

於是所有人開始七嘴八舌提出讓克爾來冥界的方法，一名顧問提議直接邀請她，黑帝斯的反應是「蠢主意，下一個。」然後有人說：「綁架她！」黑帝斯則說：「這主意太棒了！」

然後桑納托斯又說話了：「但在你綁架她之前，你應該做對的事，先徵求她父親同意。」

於是黑帝斯去找他弟：「嘿，宙斯，還記得我嗎？好久不見。」宙斯說：「欸，你都不來參加我的派對！你是怎麼回事啊，多愁善感的男孩？」黑帝斯說：「對啊，我不是很喜歡偽裝成奇怪東西的性，也不喜歡喝醉在阿瑞斯臉上畫鬍子，所以你自己玩得高興就好。總之，我希望你允許我娶你的女兒，克爾，因為我對她有感覺，而因為住在地獄裡，等等，我上一次有感覺已經是好久以前的事了。」

宙斯說：「你沒收到備忘錄嗎？」

黑帝斯說：「什麼備忘錄？」

宙斯說：「真要命耶，你必須處理一下你的狗才行。總之，你不能對其他人有感覺嗎？」

黑帝斯說：「不行，我已經等太久了——你也知道我，我是那種只認定一個女人的男人。」

宙斯噗哧笑出聲來，因為他沒聽過比一夫一妻制更荒謬的想法，他說：「哇，她一定性感火辣對吧！」黑帝斯心想「你這白痴，我更常想起她的秀髮是怎麼像編織的黃金一樣在太陽下閃爍，還有她的笑聲是怎麼讓我想起人生中所有美好的事物。」但宙斯還沒完呢，「在床上夠來勁兒，對吧？哈啊哈啊！」黑帝斯心想「去他的，哈啊哈啊，對，宙斯，你說得都對。」

等到宙斯終於笑完，他說：「你知道嗎，去他的，你就娶她，我沒意見，但你還得應付狄密特。」

黑帝斯的反應是「那有什麼問題？」他和狄密特以前感情很好——她

會把她的黑色眼影借他用，而他介紹她聽我的另類羅曼史（My Chemical Romance）樂團的歌。不過狄密特後來改變很多。最近她只關心腸道細菌，克爾每天晚上都被迫聽她長篇大論講述生物多樣性的重要，巴拉巴拉巴拉……

所以當郵差送《黑色行軍／與鬼魂共處》（*The Black Parade / Living with Ghosts*）特別版專輯來給她媽時，她難以置信。她說：「媽，我不知道妳聽音樂耶。」但狄密特很高興，因為她都忘了自己有多喜歡我的另類羅曼史，也把黑帝斯忘得一乾二淨，因為他銷聲匿跡太久了，所有人都沒他的消息，因此她完全沒起疑。

無論如何，她把專輯放出來聽，而且音量開到最大；克爾的反應是「媽，可以把這個吵死人的東西關小聲一點嗎？」因為她比較喜歡霍齊爾（Hozier）和芙蘿倫絲機進分子（Florence + the Machine）。狄密特說：「不准這樣對我說話，去外面摘點花。」克爾皺起臉，因為她討厭摘花。為什麼她不能當某個酷東西的女神？沒人在乎草木。於是她在外面思考「我的人生何時才他媽真正開始？」這時黑帝斯乘著他的魔法雙輪戰車從人間的一個裂縫衝了出來。真是盛大登場。他一把撈起她上車，咻地一聲把她帶到冥界，而她媽還在扯著嗓子高唱：「我們會繼續下去，我們會繼續下去。」[12]完全無暇注意自己的女兒。

不過克爾欣喜若狂，因為狄密特向來不准她騎腳踏車，更別提魔法雙輪戰車了。因此她抵達冥界時就已經是一副朝氣蓬勃的樣子；一等她的眼睛適應黑暗，黑帝斯就說：「請容我自我介紹，我是黑帝斯。」克爾注意到他那頭往後梳得整整齊齊的馬尾、分明的顴骨，納悶著她媽怎麼從沒提過這個人，因為

12. 出自我的另類羅曼史二〇〇六年作品〈歡迎加入黑色行軍〉（*Welcome to the Black Parade*）。

他實在美呆了。他對她微微一鞠躬，扶她下車，問她有沒有興趣在此稍事停留。克爾想著她丟在地上的那些花，還有她媽肯定打算拿來當晚餐的那碗豆子，還有她不回家會惹她媽多生氣，然後說：「當然！」於是黑帝斯為她導覽地獄，他們一起吃披薩，還玩了一會兒雙陸棋；他表示這裡有個女人會很不錯，克爾說：「你是在求婚嗎？」他急忙否認，但臉卻脹得通紅。

克爾玩得很開心，因此決定在冥界多待幾天。看見了嗎，令人震驚的是，他們真的很合。我知道！嗯，黑帝斯本來就喜歡克爾（畢竟他綁架了她）；他有時候有點厭世，但她早就習慣她那個常常陰鬱的媽，而且他塗眼影實在好看得要命。他那麼喜歡她，同時又那麼討厭其他人，這個事實在讓她感覺備受珍視。

除此之外，她還發現，泰坦大戰時，他戴著他那頂酷炫的黑暗之盔狠狠教訓過一些敵人，她覺得真是太性感了，並且也這麼告訴他，而他真心感動，因為他家人都不知感恩。另一個意料之外的好處是，黑帝斯沒興趣管理王國（他之所以接下王位，全因為他兄弟們也都接了，而他不想格格不入），但剛好克爾很擅長統治。她熱中做試算表，也天生對冥河上擺渡的船夫有辦法。她在的時候，就連賽柏洛斯也比較少吠叫。

於是冥界之王又把他的顧問叫過來開緊急會議，還在門上掛了「僅限兄弟」的牌子，他對所有與會者說他覺得他終於準備好要跟克爾求婚了。房內安靜了一會兒，然後爆發。黑帝斯說：「對，對，安定下來，這沒什麼大不了，問題在於該怎麼做？」所有人都被難倒了，因為又不是說地獄有很多熱門浪漫景點，雖然有人提議懲罰場和火焰河（River of Fire），黑帝斯最後還是決定在晚餐後簡單求婚就好。

重要時刻到來，他不小心把戒指丟進湯裡，還忘記自己要說什麼——他需要一些時間鎮定，但無論如何還是哭了起來——這是有史以來最甜蜜的求婚場面之一。克爾說：「所以這表示我會成為黑帝斯之后囉？」他跟她確認她指的應該是國土，而非他本人（國名和人名一樣實在非常令人困惑）。當她說對，他的反應是「沒錯，黑帝斯之后，妳將得到王冠和一切。」她則說：「我們開始吧！」於是他們結婚了。克爾伴著「俏妞的死亡計程車」（Death Cab for Cutie）的〈我將跟隨你走入黑暗〉（*I Will Follow You Into The Dark*）音樂走過紅毯，黑帝斯感到一絲痛悔，因為實際上狄密特可能會很喜歡這樣。

同時間的人間，狄密特一發現女兒失蹤，就立刻拋下一切到處找她。她向黑卡蒂（Hecate）借來火把，日日夜夜在大地遊蕩，一面像隻海鷗一樣喊著「克爾！克爾！」她太專注於找尋女兒，忘了身為農業女神的所有職責。田地慢慢荒蕪，這對生物多樣性來說是好事，但對農作物和吃農作物的人類來說就不妙了。他們開始鬧饑荒，而狄密特根本沒注意到。克爾是春季女神，所以春天也不來了，這對情況一點幫助也沒有，不久，人類就開始像蒼蠅一樣一個接著一個倒地。

太陽之神赫利歐斯（打工仔，主要在阿波羅宿醉太嚴重時才出來）領悟到他必須做些什麼。他看見在那天倒地的萬物，決定是時候告訴狄密特發生什麼事了。他不是很喜歡農業女神——名聲都歸她，實際上讓萬物生長的卻是陽光——但他想念春天的花，而且看著人類衰亡一點也不好玩。於是他終於告訴她，拐走她女兒的是黑帝斯。她的反應是「搞什麼鬼？」赫利歐斯說：「沒錯就是鬼住的地方。」她怒髮衝冠，直接去找宙斯要他降下懲罰，他卻表示：「噢，嗯，對，這事有點尷尬，因為我允許他跟克爾結婚。」狄密特說：「但我希望她永保處女之身！」荷米斯在旁邊聽，而因為他是諸神的信使（而且他不怕黑帝斯的狗），他可以去地獄，因此他在一旁插嘴：「對啊，我聽說她其實真心喜歡性，而且跟她的新婚丈夫深陷愛河。」狄密特大發雷霆，決定在她女兒回來之前都拒絕讓任何作物生長。

宙斯的反應是「哈哈哈，好啊，沒作物，哇，好嚴重的威脅，我好害怕噢。」不過一段時間過後，好多人死去，就連宙斯也注意到了。他心想「崇拜我的人都跑哪去了？我喜歡被崇拜！」於是他和雅典娜一起去調查。

「他們為什麼都這麼難過？他們跪在地上做什麼？哭嗎？」宙斯問道。

雅典娜說：「要命！爸，他們快餓死了所以在哭，因為狄密特不讓任何作物生長。」

宙斯說：「好啊，但他們不能安插一點祈禱在中間嗎？像是下午兩點到三點哭，然後四點舉辦獻祭儀式？我個人是這樣建議啦。」

雅典娜的反應是「爸，別那麼混帳了好嗎，他們正在死去耶。」

宙斯說：「這些人類的耐受性還真是狗屎。」

但他知道雅典娜是對的，而他多半應該做點什麼。於是他把克爾叫來奧林帕斯。她心想「耶，又可以搭高速戰車出去玩了！」不過她和黑帝斯兩人都心知肚明現在是什麼情形。地獄諸神舉辦了一場臨別派對，他們甚至湊錢弄了一顆鑲鑽石的頭骨送她（達米恩．赫斯特〔Damien Hirst〕[13]算老幾？）希望她永誌不忘。荷米斯來接她時，黑帝斯幾乎無法自持，而他親愛的克爾則是傷心欲絕。

「黑，我不想走。」她流淚緊攀著他。

「我知道，寶貝，我也不想讓妳走，我們都不想。少了妳，我們將陷入混亂。宙斯真是個混帳！」然後他靈光一閃，從口袋掏出一把石榴種子。他顯然就喜歡把種子收在口袋裡。

13. 藝術家，其中一項知名作品《For The Love Of God》為鑲滿鑽石的十八世紀真實人類顱骨。

「拿去。」他說。

「幹嘛？有迷幻藥效嗎？」她說著已經把種子塞進嘴裡。

「不，不，只是種子而已，但能在冥界栽種——快。」

她只來得及吞下幾顆，荷米斯就已經把她傳送回奧林帕斯；宙斯和狄密特正在這裡等著，她媽想擁抱她，克爾卻說：「走開啦，媽。」

宙斯說：「好囉，小女孩，妳被禁足了。」

克爾說：「噢，現在突然端出爸爸的樣子了，是吧？嗯，去你的，因為我剛剛吃了幾顆冥界的種子，所以我不需要在這個神氾濫的地方多待一秒。」

原來，如果你吃下冥界的食物，你就必須待在冥界；而在此之前，克爾一直都靠荷米斯從人間偷渡下去的巧克力棒過活。

宙斯勃然大怒——他們用計謀打敗了他（不過面對現實吧，這並不難），他說：「妳不該叫克爾，應該叫普西芬妮（Persephone）才對，混亂製造者的意思。」

克爾說：「儘管來啊，這比小女孩酷多了——地獄之王和混亂製造者？去死吧，布裘戀。」

狄密特說：「這不是我認識的那個小女孩。」

她女兒說：「因為我現在是個女人了，媽，妳必須放手。」

狄密特說：「我只是盡我所能做個好媽媽。」她們兩個都哭了起來，宙斯心想「靠，女人有夠可悲。」妥協之下，他們同意她半年待在冥界，半年待在人間。其實也稱不上什麼妥協，因為她就是吃下六顆種子。

大家都開心——嗯，大部分人。黑帝斯比較想要他的妻子無時無刻都跟他在一起，而狄密特在冬季月份總是心情低落，因為她女兒不在。比起在人間閒晃，普西芬妮可能更喜歡跟她丈夫在一起，但她知道日益增加的文書工作實在令人吃不消，她也覺得人間的花確實比較好，因此每年冬季結束後，她便離開

17 小心帶著禮物的希臘人——尤其是黃金水果

好，這是一個小測試。還有人記得忒提斯嗎？沒人……對，嗯，回到赫菲斯托斯那章，你就會看到她了——一對可愛伴侶的其中之一，收養了一個因為太醜而被自己親生母親丟下懸崖的寶寶。忒提斯是海洋仙女，波賽頓的朋友，一個可人兒。不過奧林帕斯謠傳有個預言，指稱她將生下一個比宙斯本尊更強大的孩子。真是陳腔濫調。阿波羅得到這則預言時有點喝醉——但無論如何，預言就是預言。儘管宙斯還沒讓她受孕，所以沒必要吞掉她之類的，他還是偏執了起來。

於是宙斯決定把她嫁給一個凡人——因為他能這麼做（也因為這樣一來她就不可能生下擁有任何神力的孩子）。他不管她跟女泰坦歐律諾墨在海底過著幸福快樂的日子，她們甚至沒有生育控制的問題，他反倒選了生殖力強大的異性戀佩琉斯（Peleus）。佩琉斯原本就已經「意外」殺死好幾個親戚，包含同母異父的兄弟、岳父，還有妻子安蒂岡妮（Antigone）。噢，他還遭控強暴。真有你的，宙斯。忒提斯不喜歡，但佩琉斯趁她睡著時緊緊捆住她，她無法逃脫，而他基本上強行占有她。真有你的，佩琉斯。

忒提斯表示：「好，如果非嫁不可，那我就嫁給這個凡人，但在我結婚這天，我沒打算讓任何人好過。所以，對，赫菲斯托斯，你跟阿瑞斯同桌，你只能自己想辦法解決；還有，婚禮蛋糕會加入滿滿的食品添加物，狄密特只能乖乖認命；而且我絕對不邀請厄莉絲（Eris），因為誰想要紛爭女神來參加婚禮？」因為所有希臘神祇都喜歡美好的婚禮，每個神都努力到場，就連阿芙蘿黛蒂也來了，她遠道從賽普勒斯而來，看起來前所未見地性感，身上穿的是從古希臘版Topshop買來的網眼緊身洋裝，這完全就是她的衣服。一如往常，她搶走全場焦點，直到穿著亮片連身衣的阿波羅帶著他的七弦豎琴來為快樂的新婚夫婦獻上一首小夜曲。

嘿佩琉斯新郎，
你怎麼不開腔？
說說你是怎麼把到新娘，
因為她是大家心之所向，
啦、啦、啦、啦啦啦、啦、啦、啦……

阿波羅正要唱到高音Mi，這時被厄莉絲打斷。她很生氣自己沒有收到正式邀請，決定無論如何還是要來，而且要稍微惹點麻煩。大家都依照指示把結婚禮物放在桌上，才能互相比較，但她沒照做，反倒直接把東西丟到賓客之中。禮物是一顆金蘋果，現場的爭奪之激烈，你會以為那是最新的Apple Watch，而非只是油漆未乾的鍍金裝飾品。阿瑞斯擠到中間，就連阿芙蘿黛蒂也穿著她的新洋裝爬來爬去到處摸找。不過最後贏得這場紛爭的是雅典娜，她手指天空大喊「看那裡！」接著趁所有人抬頭時一把抓住蘋果。

「妳作弊！」阿瑞斯吼道。

「這叫戰術。」雅典娜沾沾自喜地回嘴。

「上面有寫字。」希拉提出她的觀察。

「καλλίστη」，雅典娜讀了出來，她心知肚明，儘管古希臘語是必修課，但在場沒神懂這語言。

「什麼意思啦，自作聰明的傢伙！」悶悶不樂的阿瑞斯問道。

「獻給最美麗的女神。」她說，「也就是我。臉蛋頭髮心地都美的我。」

「呃……我想妳會發現金蘋果應該屬於我。」希拉說道，「畢竟我是名副其實的諸神之后。」

「或是本神。」阿芙蘿黛蒂插嘴。她的網眼洋裝現在開了一個大洞。她甚至不需舉證她為何認為自己理當得到金蘋果。

三個女神互瞪對方，她們勢均力敵。

於是她們帶著蘋果去找宙斯，叫他解決這場紛爭。因為顯然唯一真正重要的意見就是男性家長的意見。

「我們之中誰最美？」她們質問道。宙斯心想，要是七個小矮人現身，一路嗨吼嗨吼走過來，或許能轉移大家注意力，那就再好不過了。但這是希臘神話，不是童話故事，壓力有夠大。

於是他說：「哇，女士們，嗚喔，好難的問題噢，因為，嗯……妳們都很美。顯而易見啊。我是說，妳們都跟我有關係，所以當然不用說啊，哈啊哈啊哈啊，但如果只能選一個……」

然後他結巴了起來，因為希拉是他妻子，而且正用**那種眼神**瞪他；而他最愛的女兒雅典娜又露出小狗乞憐般的眼神；至於阿芙蘿黛蒂，儘管她令人頭痛，她也比他年長，而且是烏拉諾斯本尊的後裔，而他知道最好不要惹毛那麼強大的神。

於是他左顧右盼，絕望地想找出脫身之道，這時他的眼神掃向人間，他看見的第一個景象是有個男人站在山上，於是他說：「欸，說實在的，我覺得我沒辦法決定。所以妳們必須去問那傢伙。」他手指山上的男人，隨即把他的注意力轉回婚禮上，因為他知道就要播放〈興風作浪〉（*Rock the Boat*）了——這首完全就是他的歌，他要去用博普舞跳破舞池。

結果那傢伙是特洛伊王子帕里斯（Paris）。根據他的人物簡介，他擅長養牛，以前還擁有一頭得獎公牛。如果你突然被叫去當選美評審，那樣的經歷或許很不錯。總之，女神們現身時，他原本正開心地忙著自己（和牛）的事。

希拉開門見山。「我們之中誰最美？」她質問道。

帕里斯震驚地看著她。

於是阿芙蘿黛蒂幫腔：「如果你必須跟我們其中之一上床，你會選誰？」

帕里斯還暈頭轉向，不知道該說什麼——她們都美得驚人（女神可不是當假的）。他咕噥了些什麼，但沒人聽得懂。雅典娜皺眉，心想爸為什麼偏偏挑一個顯然聽不懂英語的人？她開始用緩慢又大聲的方式說話：「如果你……」她指指帕里斯，「必須為我們三個排名……」她示意她們三女神，「完全依據外貌……」她雙手劃過自己身體的輪廓，「不參雜任何智力或情緒上的因素或偏見……」她不確定這部分能怎麼比手畫腳，因此只是拍拍自己的頭，「你覺得誰第一名？」她伸出食指。

到這個時候，帕里斯終於能冷靜思考了，於是他回答：「不，不，妳們誤會了。我完全聽得懂英語，我只是不懂妳們怎麼會覺得我能回答這個問題。妳們都太美了，我不可能排得出名次。」帕里斯不是傻子。他知道若是他真說出誰比另外兩個美，最後只會導致他被痛扁一頓。（附註：他真正該做的是說她們都比不上普西芬妮，貨真價實最美的女神；如果你發現自己落入相似情況，我建議你也採取相同做法，因為雖然你還是會被殺，不過你到地獄時，黑帝斯會跟你擊掌，還幫你安排非常不錯的來世。）

三位女神皺眉。一點幫助也沒有——這個凡人能不能別這麼軟爛，趕快作決定解決問題？於是她們插手了，她們賄賂他。

希拉給他統領整個亞洲和非洲的力量，帕里斯的反應是「那世界的其他地方呢？」希拉說：「抱歉，我沒那麼大權力。」於是他轉向雅典娜，她說：「我讓你在戰爭中盡享聲名與光榮。」他說：「所以我實際上還是得戰鬥嗎？」她說：「欸，對。」

於是他轉向阿芙蘿黛蒂，「妳要給我什麼呢？」

阿芙蘿黛蒂一聲「哎唷」，讓殘存的網眼洋裝從她赤裸的身軀滑落。另外兩位女神心想「靠！我們沒戲唱了吧。」不過帕里斯讓她們三個都料想不到。「妳們所說或所做的一切都改變不了我的心意。」因為雖然對赤裸的阿芙蘿黛蒂說不，是他這輩子做過最艱難的一件事，但他還是挺喜歡活著的。

阿芙蘿黛蒂難以置信，因為不曾有人能抗拒衣袍從她身上滑落，因此她心想，「去你的，我受夠好聲好氣了。遊戲開始。」她對帕里斯露出甜美的微笑，把他帶到一旁。「聽著，帕里斯，你似乎不知道用什麼方法抗拒了我的火辣胴體，幹得好，但我知道有個你無法抗拒的人，而且我覺得你知道我說的是誰。」帕里斯搖頭。阿芙蘿黛蒂說：「名字開頭第一個字是海？」

帕里斯拒絕迎上阿芙蘿黛蒂的目光，「才不是，我女朋友的名字是伊諾妮（Oenone）。」不過阿芙蘿黛蒂看見他褲襠，知道被她說中了。

「我有辦法讓她嫁給你。這會是一個美麗的愛情故事——而且絕對不無聊！所以……成交？」帕里斯終於屈服，因為斯巴達的海倫（Helen）是有史以來最美麗的人類女性，他渴望她好幾年了。他也知道，他沒辦法在赤裸的阿芙蘿黛蒂附近多撐一秒。

雅典娜和希拉勃然大怒。她們攜手合作，發誓要毀掉帕里斯。結果還挺簡單的，因為阿芙蘿黛蒂實現她這方的協議，帕里斯跟海倫結婚，而這場婚姻引發一場大戰。阿芙蘿黛蒂漏提一件事——海倫已經嫁給一個名叫墨涅拉俄斯（Menelaus）的傢伙。

她有沒有好好協商離婚，讓雙方都獲益？沒，阿芙蘿黛蒂只是溜進宮殿引誘墨涅拉俄斯（看見**有些希臘人**無法抗拒她，感覺真不錯），蒙住他的眼睛，把他綁在床頭板。他還在等某些事發生，她則是跑去敲昏海倫，把她丟到帕里斯船上，讓他們啟航回特洛伊。

墨涅拉俄斯發現妻子被帕里斯擄走後，他召集希臘大軍去把她搶回來，並對特洛伊宣戰。希拉和雅典娜發現這是復仇的完美時機，她們便承諾擁護墨涅拉俄斯，並借他軍隊和武器，還有一些雅典娜試圖用來收買帕里斯的戰鬥勇氣。到了這個時候，忒提斯已經生下那個預言中的兒子阿基里斯（Achilles）。他是凡人（神之基因是隱性的），她心知他必須上戰場，凡人又非常容易損壞，於是她把阿基里斯浸入斯提克斯河，把他變得刀槍不入。只不過她當時抓著他後腳跟，因此他最後只有97%刀槍不入，而儘管已經穿上防護性涼鞋，他還是頗快領便當，因為一支箭射中他後腳跟上一條頗為重要的動脈，為了紀念他，這個部位從此便以他為名。事實上，有數千人死亡，其中也

18 真愛永遠不會一帆風順——就算愛神本尊也一樣

來認識一下賽姬（Psyche）。她是一位公主，而且**豔冠群芳**。名副其實的美女。事實上，她真的太美了，大家開始拿她來跟美之女神比較。或許她是阿芙蘿黛蒂再臨？甚至可能是阿芙蘿黛蒂的女兒？你已經認識阿芙蘿黛蒂了，所以我很確定你能理解，我們的女主角不能接受，因為：

1. 她的美無可比擬。
2. 如果人類太迷賽姬，他們就不會崇拜她了。
3. 她剛處理完海倫，開始享受料理可能比她美的凡人。
4. 她最不需要的就是風流韻事的八卦——網子留下的磨傷還沒痊癒呢。

於是她決定防患於未然。她找她的兒子厄洛斯（Eros，也就是邱比特〔Cupid〕）談，叫他用箭射賽姬，讓她愛上某個可怕的東西——怪獸或驢子或湯姆．希德斯頓（Tom Hiddleston），或是阿芙蘿黛蒂的丈夫，這樣一來或許能一箭雙雕，把他從她身上扒下來一陣子。厄洛斯表示：「沒問題，媽，都好，只是讓妳知道一下，一般人都認為湯姆．希德斯頓性感得要命……」然後便出發去找賽姬。

賽姬這會兒正忙著在Instagram張貼她自己穿泳裝的新照片，好逗她的所有粉絲開心。當你在穿比基尼的賽姬身旁，你實在很難專心做任何事，而厄洛斯拿出他的箭，只是用其中一支箭的箭尖搔搔他的腿，就這樣不小心讓自己愛上她。故意不小心！厄洛斯知道她太特別了，不能讓任何老湯姆、迪克或哈利愛上她，但他顯然沒跟阿芙蘿黛蒂報備。他只是傳了一個一箭穿心的表情貼給她，通知她任務完成。

數年過去，賽姬的所有姊妹都結婚了，卻沒有一個求婚者對她傾心。厄洛斯只把箭留給自己，而賽姬她爸百思不得其解——她遠遠優於其他姊妹，求婚者應該排隊排到島的另一端才對啊。他判定一定是他觸怒神祇，於是決定去尋求阿波羅的神諭，但他到德爾菲時，他們叫他抽號碼牌排隊，因為阿波羅的神諭變得越來越搶手。

預言之神一了解賽姬她爸的問題關乎愛（而非收成——打呵欠……），而且多半跟他那個討人厭的表親厄洛斯有關，賽姬她爸隨即發現自己砰的一聲就來到隊伍最前面。厄洛斯對愛與承諾懷抱一種愚蠢的信念，阿波羅對此向來沒什麼好感，他感覺這是個找樂子的好機會。於是，他透過他的傳神諭者發言，告訴國王他的女婿不會是一般的人類，他應該預期一個牙齒有墓碑那麼大、火息堪可與火山比擬、長得像龍的生物，賽姬她爸說：「什麼？」阿波羅則說：「沒錯，這生物太恐怖了，連宙斯和冥界的所有居民都害怕，因為牠跟貓一樣有九條命，還有有史以來最臭的口臭（他不是很確定自己會扯到哪裡去，但他覺得很好玩，而這就是重點所在），不只如此，這怪物還會吃掉你女兒和她的所有孩子。」這個可憐的男人嚇瘋了。於是阿波羅說：「好啦，你就這麼做，讓她穿上全套喪服，范倫鐵諾古著……諸如此類，然後弄個送葬隊帶她去峭壁上，再把她丟下去。」她爸倒抽一口氣，「你的意思是殺了她？」阿波羅這才發現自己有點玩過頭，於是他改口，「不是啦，只是把結婚和死亡融合為一個人生儀式。」完全胡說八道，但賽姬她爸竟然接受了。

厄洛斯發現即將發生什麼事，於是打電話給西風澤費洛斯（Zephyrus）。他是元祖助攻手（還是助風手？）而且總是樂於和他的好兄弟厄洛斯一起出任務。厄洛斯說：「聽著，兄弟，我愛這個名叫賽姬的小妞，但我有個討厭鬼表親覺得叫她爸把她摔死很好玩，所以我要你去救她。同時間，我要去幫我們兩個弄一個舒舒服服的愛巢，但不能被我媽發現，因為……嗯，你也知道我媽……所以我必須隱藏身分——你可以接受嗎？」澤費洛斯說：「當然，兄弟，我願意為你做任何事。」厄洛斯表示：「愛你喔，兄弟。」

於是，當送葬隊來到峭壁頂時，澤費洛斯捲起賽姬，把她放在一片可愛的草地上，而她立即睡著，因為說實在的，這天真夠她受的了。她醒來後發現自己置身在一座美麗的花園，裡面有一座滿是黃金柱的驚人房子。厄洛斯進城去了，而她到處逛，看見柑橘樹木雕和象牙天花板，銀牆上的浮雕描繪野生和馴養的動物，還有珠寶馬賽克，總之就是各式各樣讓希臘人性慾高漲的東西。她穿范倫鐵諾絕對不算太超過。一個無實體的聲音叫她放鬆，她伴著看不見來源的歌唱和七弦豎琴演奏享用了一頓自己變出來的大餐——《美女與野獸》（*Beauty and the Beast*）算哪根蔥。這一切都非常超現實，但賽姬卻感覺異常平靜——一定是神諭的一部分，因此當那神祕的聲音說「跟我來」，她放任自己被帶到房間，她在那裡跟一個她看不見的東西做愛。真是太美妙了。隔天晚上又來一次，真要說有什麼不同的話，第二次的性愛甚至更棒。很快地，她開始期盼她的夜間訪客，但她那個看不見的愛人總是在日出前離去，拒絕露面。因為某些原因。然後她發現這位看不見的愛人的看不見的精子一定生育力強大，因為她懷孕了……

厄洛斯叫澤費洛斯去把賽姬的姊妹帶上來，因為她嚇壞了，沒辦法自己處理。姊妹們一開始對於自己即將成為阿姨感到興奮不已，興奮感退去後，她們開始到處探頭探腦。當她們發現賽姬住在一個這麼富麗堂皇的地方，她們忍不住心生嫉妒。她們相信賽姬一定又走好運了。總是如此，她們罵她墮落，竟經常和一個她看不見的東西做愛，還說正如神諭所示，對方一定就是注定要吃掉她和她孩子的那個怪物。她們叫她在被殺之前先下手為強，在自家神殿偷聽的阿波羅興奮不已，因為這正是他熱愛的那種刺激戲碼。

於是那晚，在她享受此生最久的一次高潮後，她那看不見的愛人留下她獨眠，賽姬拿起燈和匕首走向他的房間，決心要殺死這個傢伙。豈料眼前並不是什麼怪物，而是她生平僅見最俊美的男人（廢話，他可是阿芙蘿黛蒂的兒子）。他四肢攤開裸身睡在床上，而她對他的性感大為驚嘆，沒注意到他放在地上的箭，不小心踩上其中一枝。她痛喊一聲，燈脫手，熱燙燙的燈油灑在他的裸體上；在那瞬間，她心想「哇，不可能更撩人了吧。」不過厄洛斯醒來，一看見她便逃之夭夭。她拚命追他，但他消失無蹤，她只在他床上找到一只金臂鐲，上面寫著「沒有信任則愛無法存活」。傑出的一手啊，阿波羅心想。

於是賽姬去找阿芙蘿黛蒂，因為她是愛之女神，但賽姬不知道她也是愛人的母親。當阿芙蘿黛蒂發現兒子都在忙些什麼，她無法相信自己竟然讓這個狐狸精進了家門。她好大膽子，竟敢宣稱她享受過終極的高潮！阿芙蘿黛蒂對她開門見山：「甜心，相信我——我的高潮之高，妳只在夢裡才嘗得到。」至於什麼「有史以來最棒的性」——怎麼可能？她又不在。然後她專注於手頭上的問題，心想「很好，報仇的時間到了，我要給他的小賤人設下一些挑戰。」

就是到這裡，我開始覺得這則神話有問題。因為賽姬顯然不可能自己達成任何一項挑戰——對，她必須靠幫手，像是一群善良的螞蟻，或是一叢樂於助人的蘆葦，或是宙斯。但因為她是個女人，因此在這個版本中，她靠自己過關斬將。

第一個任務是挑揀一大堆混合穀物，最後不同穀物必須各自成堆；她用金屬絲編成某種篩網後破關。

第二關是跨過一條河到對岸取得金色羊毛，這種羊毛長在幾隻兇暴的羊身上，羊主人則是赫利歐斯。儘管身懷六甲，賽姬還是游過河，來到金毛羊吃草的地方，然後偽裝成一頭羊蒐集蘆葦上的羊毛。全靠自己。

到了第三個任務，她拿到一只水晶容器，她要在裡面裝入斯提克斯河和克塞特斯河（Cocytus）源頭湧出的黑水。她爬上黑水噴湧的懸崖，猶豫了起來。這一切感覺太詭異了，那是……沒錯，是龍。但她有沒有灰心喪志，這讓宙斯心生憐憫，因而為她與龍搏鬥？沒那回事。她用她的美貌迷惑龍，然後用木樁刺穿龍的心臟，自己取得黑水。上啊賽姬！

但她在最後一個任務搞砸了。阿芙蘿黛蒂設下挑戰，要賽姬去冥界為她取得美麗靈藥。回程路上，賽姬忍不住打開了靈藥，她也希望自己變美，美得足以讓丈夫回心轉意（儘管他已經說得很清楚了，他們之間是信任問題）。她就這樣陷入無法醒來的深層睡眠中。

「太棒了！」阿波羅喊道。他全程追劇，從頭到尾都沉迷其中。儘管並非他本意，他甚至開始創作厄洛斯／賽姬的同人小說。愛、嫉妒、龍與沉睡的公主……這些都是童話故事的材料。厄洛斯或許是個討厭鬼，但去他的，阿波羅加入了。

其他神沒那麼享受八點檔，反而比較同情賽姬，他們也贊同她吃太多苦了，她的快樂結局還沒到嗎？於是他們找出厄洛斯，他一直在阿瑞斯家療傷，他那個吃醋的母親在這裡餵了他一大堆謊言。等到他了解到底發生什麼事，他被罪惡感席捲，為什麼他不一開始就對她坦承呢？他立刻飛去找他的真愛。普西芬妮已把她移入客房，但是他看見她趴臥在那還是無比震驚。該下地獄的（他想的就是字面意義），她懷孕了，卻沒人費心跟他說一聲。

他從賽姬的臉龐汲出睡眠，放回要給他母親的容器裡。但她還沒眨掉眼中的睡意，厄洛斯又已經離開了。

他決定去找宙斯幫忙——他愛賽姬，但阿芙蘿黛蒂在阻擋他的老二，而當愛之女神本尊不認可你的愛，你能做的實在不多。宙斯說：「好啊，沒問題，除非你讓我想要的人都愛上我。」厄洛斯反問：「為什麼？你哪時曾因為人家不愛你就不下手了？」但他仍同意了，因為跟賽姬之間的性愛真不是蓋的，於是宙斯叫荷米斯召集諸神，而他公開表示認可；阿芙蘿黛蒂大吵大鬧，說賽姬是純粹的邪惡，一心只想染指她兒子，利用他享受性愛，因為他就是這麼一個美妙無比的情人。而這自然是遺傳自她。

宙斯叫阿芙蘿黛蒂別那麼混帳了。這話出自他口還真是諷刺啊。然後他給賽姬吃安布羅西亞、喝永生水，她和厄洛斯就能永遠在一起了；接著賽姬生下胖呼呼的小孩，真是童話般的結局。

阿芙蘿黛蒂不這麼認為。只有宙斯可以當個混帳又安然脫身，她實在受夠了，於是她回去賽普勒斯生悶氣。

19 你聽說過翻雲覆雨了，現在隆重介紹翻雲他媽別來煩我

早在阿哥斯成為英國最大的大眾零售商之前，這個名字原本屬於一個古希臘城市。希拉在阿哥斯（城市，不是商店）是重要角色——地位幾乎像是邪教了——而宙斯老是害她遇上各種狗屎爛事，有人愛感覺真的很不錯。她喜歡被稱為「希拉，諸神之后」，而非「宙斯的妻子」或「宙斯的姊姊」，或只是「那賤人」。她一有時間就去阿哥斯跟她的粉絲待在一起，甚至在鎮中心附近買了一間小公寓。並非總是需要驅逐巨蟒才能開始投入古希臘的房產市場。她開了一個繽趣（Pinterest）帳號，自己裝修公寓——全白、極簡，只用天然建材。她最喜歡這間公寓的地方是，這裡看不見一丁點宙斯或他們婚姻的痕跡。

噢，還附酒藏完整的吧檯。這是離開奧林帕斯靜養的好地方，其他神求她讓他們借用——尤其是阿芙蘿黛蒂，她總是在找新的性愛場地——希拉一概拒絕。她最不希望的就是阿哥斯人認識其他神，發現她其實沒那麼了不起。

希拉最大的粉絲之一是阿哥斯的統治者，伊那科斯（Inachus）王。他有一個名叫伊歐（Io）的女兒，她安靜又懂事，自知身處險境，因為她是一個公主。你會以為當某人知道身為公主就代表自己會成為神的主要目標、人生可能被徹底毀掉，應該就不會再想當公主，但沒這回事，大家還是樂此不疲。她心想最好的解決辦法應該是成為希拉的祭司（顯然沒人跟她說過梅杜莎的故事），她爸興奮不已，因為有個祭司女兒他就可以到處吹噓了。伊歐知道希拉素有善妒的名聲，因此她在托加袍下塞了幾個坐墊，讓自己看起來很胖，並擦上橘色唇膏，然後才去希拉的辦公室詢問有沒有職缺。希拉上下打量她後，要她坐下。

「妳目前有沒有，或有沒有交過男朋友？」她問道。

「沒有。事實上，我是無浪漫傾向者。」伊歐回道。

希拉說「太好了」，因為她太自傲了，不想問無浪漫傾向是什麼意思。

「那妳喜歡運動嗎？」

「我連雙運動鞋都沒有！」伊歐哈哈大笑，希拉看似鬆了一口氣。她受夠凡人運動員了。宙斯一天到晚都在講那些，尤其他們開始在奧林匹亞辦那些蠢比賽之後——奧林匹克（Olympic）？真沒創意！比起滿身大汗或喝運動飲料，她寧願來場文明的對話配一瓶烏佐酒。

「那妳有打算控制飲食嗎？」

「沒有。」伊歐抱緊她的坐墊。

希拉表示，只要伊歐承諾永保處女之身，而且不減重，她就能得到這份工作；但伊歐隔天上工時身形少了兩個坐墊，希拉大為光火。「只是因為焦躁的關係。」伊歐如此表示，希拉勉強同意讓她留下。這是一個錯誤，因為她的所有其他員工都是醜八怪，伊歐根本鶴立雞群。當然，來了個火辣新祭司的八卦開始流傳，伊歐有多美的謠言上達奧林帕斯，宙斯的反應是「**欸嘿！**」他急匆匆來到阿哥斯，第一個碰上的人就是希拉，她抱著一箱酒正要回她的公寓。

「你在這裡做什麼？」

「噢，工作啊。突發事件，剛剛才冒出來。別說我了，妳怎麼樣？」他朝她的酒點頭，「開趴嗎？」

「噢，不是啦，只是謝禮……要給朋友的。我不在的時候她幫我照顧我的植物……」

他們互相猜疑打量對方。

「那……」宙斯說。

「對，嗯。我該走了。」希拉說。

「需要幫忙嗎？」他問，或許終於有機會看看她的公寓。希拉回奧林帕斯時，帶那個火辣的公主去她公寓可能是個不錯的主意。

「不了。」她快速地回道。箱子很重，但也沒那麼重。

宙斯在當地市場發現伊歐。她正在捏酪梨，看看成熟了沒。他悄悄走到她身旁，「嗨，我是宙斯，我們沒見過，但我聽說過好多有關妳的事。」她則回應：「是啊，我也是。」然後退開了一大步。然後宙斯說了一些類似「想不想捏捏我的水果呀？」之類的話。她說：「想都別想，而且，我簽了一份合約，承諾永保處女之身。」說完便大步離開，因為身為希拉的祭司，她知道就算跟宙斯說話也是絕對的禁忌。

於是宙斯決定用他唯一知道的方法獻殷勤。首先，他讓阿哥斯陷入不幸——市場動盪、昆蟲侵擾……諸如此類。沒有過分到讓希拉起疑，但足以引發伊那科斯王關切。他承受所有抨擊，但他確信肯定有更高層次的力量作祟，於是他決定去諮詢阿波羅的神諭。

宙斯先跟阿波羅簡報過，於是他超級有禮貌地說：「嗯，可憐哪，太慘了。」還裝出同情的臉。

「所以您的建議是什麼？」

「簡單，」阿波羅回道，「只要把伊歐趕出家門就好。」他一直在閱讀潛意識引導方面的各種參考資料，因此還哼起歐利．馬斯（Olly Murs）的〈麻煩製造者〉（*Troublemaker*）。

伊那科斯回家，告訴伊歐她必須離開阿哥斯，她的反應是「為什麼？」他說：「因為妳是麻煩製造者。」伊歐說：「什麼鬼？」她爸說：「聽著，伊歐，我也不喜歡這樣，但我對昆蟲瘟疫失去耐性了，如果妳不聽我的，恐怕妳就只能滾蛋。雖然以這次的情況來說，聽我的就等於滾蛋，哈哈哈哈。無論如何，阿波羅說如果妳需要幫忙就打這支電話。」他遞給她一張快速印製的廉價名片。回到奧林帕斯，阿波羅向宙斯報告最新發展，他爸對他說：「你是有史以來最佳助攻手，兒子，擊掌！」他們出去喝一杯作為慶祝，結果變成喝十杯，然後又變成喝一整晚，同時間，雅典娜則是待在家裡看網飛（Netflix）上的歷史紀錄片，一邊生悶氣。

伊歐遭永遠禁止進入阿哥斯（城市以及商店），少了阿哥斯所能提供的一切（手錶、人工水景、玩具、吹風機、垃圾桶、毛巾、水壺、印表機、珠寶、多功能洗衣機……），她在鎮外的臨時居所裡感到孤立無援。她看著她爸給她的名片，心想她還能有什麼損失？於是她撥打電話，接通後另一邊是宙斯，她心想「我早該知道的！」宙斯沒浪費一分一秒立即出現在她面前。

「噢，嗨！」他說道，「我聽說妳在阿哥斯的遭遇了，不過甭擔心，他們現在甚至連目錄都不印了。說真的，妳離開那地方也好，現在我來了，我會照顧妳。」他有大把時間健身，因此這會兒伊歐發現自己目瞪口呆地看著他。她說：「好吧，我不打算說謊，你實在非常性感。但我知道你睡過的女人都是些什麼下場，因為我名副其實就是希拉的祭司，她基本上開口閉口談的都是這些，所以我知道跟你上床會害我陷入極大的危險。」宙斯說：「別擔心，我百分之百都處理好了。」然後化身為一朵雲，這有點像那場金雨——只是另一種形式的降水——但奏效了。他包圍伊歐，而她無法推開他，因為他基本上只是一團蒸發的水蒸氣，因此他們來了一場濕冷的性愛，伊歐問：「如果希拉看見我們怎麼辦？」

宙斯說：「她只會看見一朵雲，因為我**包入**妳。」

「你是說你包住我？」她說。

「不對，我說的是**包入**，因為我已經插入了，哈啊哈啊哈啊。」他笑得太用力，雲差點消散。

「好，嗯，那你對接下來的事有什麼打算？聰明的混帳！」她問。宙斯說：「甭擔心，我有個厲害的計畫。」他說完便把她變成一頭小母牛。她哞了一聲，意思是「你真心只想靠把我變成一隻該死的母牛逃過你妻子法眼？」

宙斯當然覺得這點子有夠天才。他估計他可以想做愛的時候就把她變回人類，其他時間都把她變成母牛。他說不定還能找個性感的牧牛人看著她——他的翻雲覆雨可能就此另開生面……但沒希望享受雲氣繚繞的三人行了，因為下一次跟伊歐做愛時，希拉在雲朵消散的當下現身。她就知道有什麼不對勁！

「為什麼你看起來那麼洋洋得意？剛剛我的一位祭司不是在這裡嗎？」

「祭司？有就好囉！哈哈哈。絕對沒有。沒，不可能，無。這裡只有我和這頭牛，我們在放鬆。」

但是希拉知道變形是宙斯最愛用來掩飾出軌的第三種方法，前兩種分別是：一，完全不掩飾，讓女人獨自承受；二，讓他們當斟酒人。

於是她說：「真是頭好母牛，可以送給我嗎？」宙斯說：「什麼，妳為什麼想要這頭母牛？」希拉說：「因為母牛是我的聖獸，還有獅子和孔雀，記得嗎？」宙斯說：「該死，我忘記這檔事了。」於是他把母牛送給希拉，而那頭牛抬起尾巴，拉出一團濕軟的牛屎，因為伊歐只能這樣表達她的憎惡了。希拉心想，「太棒了，眼前是一頭鬱鬱寡歡的母牛兼我丈夫的情婦，而我是她驕傲的主人。」然後她又想，「除此之外，我不知道要把她養在哪裡，因為她絕對不能跟我一起住在我那間美麗的白色公寓裡，尤其她有可能在我的木地板上拉屎。」因此她叫阿耳戈斯．潘諾普忒斯（Argus Panoptes）來看著母牛伊歐。這是一個相當安全的選擇，因為他不只是個巨人，全身還長滿眼睛，一百隻眼睛，名副其實到處都是，就連他的小鳥也有個小窺孔。

宙斯回到奧林帕斯，而雙關語女王泰美斯無法抗拒告訴所有人，希拉真的對宙斯使起「牛」性子了。宙斯「哞」生怒意。討厭的是，阿波羅正在禁言閉關（為了養氣），於是宙斯轉而找荷米斯幫忙。荷米斯急於證明自己當起助攻手比他同父異母的兄弟強。他沒有身穿霓虹連身衣跳華爾滋、名副其實歌頌著自己，不代表他就幫不上忙。他動作超級快。而且他有一頂好頭盔。而且他剛好挺擅長音樂。事實上，他一直在自學排笛。

於是他嗖的一聲來到島上，發現伊歐津津有味地嚼著青草，阿耳戈斯所有珠子般的眼睛則緊盯著她；荷米斯在草叢盤腿坐下（因為牧神潘〔Pan〕都這樣），拿出他的排笛，吹起〈綠袖子〉（*Greensleeves*），因為在他知道的所有歌中，就屬這首最鄉村風。這也是他唯一會吹的曲子，於是他吹個不停，吹到嘴脣都擦傷了。計畫是把阿耳戈斯哄睡，但他還是精神奕奕。於是荷米斯開始對他說故事，內容大多有關跑步和他最愛的跑步應用程式和個人最佳成績等，阿耳戈斯沒幾分鐘就沉沉睡去。於是荷米斯砍下他的頭，伊歐重獲自由，萬歲！（只不過她依然是頭母牛，而且宙斯一直在煩她。）

荷米斯興奮極了。百眼巨人肯定比一條大蛇厲害，對吧？但是他的光榮時刻被希拉毀了。希拉收到警報，聽說伊歐逃脫，於是她派一隻牛虻不停叮她。逃離牛虻折磨的唯一方法是持續移動。這代表伊歐總是走來走去，這代表宙斯很難再跟她做愛，這代表希拉贏了。只不過，伊歐走得如此之遠，她憑自己的力量成為一則傳奇，甚至創造出「牛道」（Ox Passage）——也就是博斯普魯斯海峽（Bosphorus strait），歐亞的分界線——代表在她和歐羅巴之間，幾乎整片人間大地都是由宙斯想上的女人支配。

她最後來到高加索山（Mount Caucasus），普羅米修斯也被鏈在這裡。普羅米修斯祇「犢」情深（抱歉），立刻認出她是他心愛的人類，只是被變成一頭牛。伊歐覺得他人好好，有一種客觀中立的感覺，於是伊歐全盤托出自己的故事。他耐心聆聽，就算有隻鷹飛過來扯出他的肝臟也一樣。她努力不去看，而他安慰她，跟她說她很快會恢復人形，而且她的後代會是有史以來最偉大的英雄赫拉克勒斯（Heracles）（不過你們知道的名字應該是海克力斯〔Hercules〕）。

伊歐的反應是……太棒了，應該是吧？然後牛虻又來了，於是她回頭跨海到埃及去（為了紀念她，這片海很快便被命名為伊歐尼亞海〔Ionian Sea〕），這時宙斯剛好朝那方向看去：「噢對！我都忘記妳了……妳是，嗯……愛歐，對嗎？歐依？瑞歐？」她回以一聲「哞！」翻譯的部分我看還是消音好了。然後她生下宙斯的兒子厄帕福斯（Epaphus）和女兒姬羅伊莎（Keroessa）；宙斯決定他不想要讓自己的兒女被一頭母牛養大，於是他把伊歐變回人形，並說：「來，跟埃及國王忒勒戈諾斯（Telegonus）打聲招呼，現在妳可以從此過著幸福快樂的日子了。」因為大家都知道，如果妳是個公主，妳只需要一個王子或國王，妳的人生就圓滿了。

於是伊歐在埃及安頓下來，做了一些心理治療，幫助她面對她身為一頭牛的過去；她和宙斯的孩子繼續創建一些好玩的地方，像是拜占庭（Byzantium）和利比亞（Libya），最後赫拉克勒斯誕生，就此展開一個以宙斯是個混帳為主題的全新神話。

有種「哞」幻的既視感對吧？

20 喊時間結束的神

所以宙斯的罪行看起來罄竹難書。謀殺、強暴、家暴、權勢性交、嚴重人身傷害、詐欺……還有一大堆我們還沒想出名稱的罪孽，像是強迫女性出嫁，或是送他們可疑的結婚禮物。他太忙著把別人鏈在岩石上或變成乳牛，所以他根本沒花什麼心思管理宇宙。說真的，他變成一則笑話。我說得出另外幾位掌權的白髮男性也是像這樣。諸神受夠了。或者更精確地說，希拉、波賽頓、阿波羅和雅典娜受夠了。所以那分別是他的妻子、兄弟和兩個孩子。真是不言自明。

希拉在通訊軟體開了一個名叫「讓我們擺脫那個討厭鬼」的群組，邀請波賽頓和阿波羅加入。阿波羅又把雅典娜拉進來，只為了證明是他先受邀請。雅典娜發的第一條訊息是：

「我們的策略是什麼？」

阿波羅回以獨角獸貼圖。

波賽頓送出一個笑臉表情貼，後面接著他的標誌飛躍海豚、綠心。

希拉回覆：「先把他鏈在他的床上。」（這應該是開玩笑的，但是大家都當真。）

波賽頓說：「我有一條舊錨鏈。」

阿波羅玩了一些有關性虐待的諷刺，讓對話有點歪掉，直到雅典娜又傳來訊息：「對，但我們的**策略**是什麼？」

沒人理她……

接著他們試著找出他們都有空去把他鏈起來的一天，一大堆訊息來來回回。希拉開始在週三晚上參加戒酒聚會，所以這天出局；雅典娜開了一堂名為「如何不出刀刃贏得戰爭」的課程，幾乎每天早上都要上課；波賽頓很少在午餐前起床；阿波羅那週幾乎每晚都有社交活動，所以接下來的週二下午三點看來是唯一大家都有空的時間。他們慎重地寫進日誌。

宙斯幾乎天天都會來場午覺。他往往已經和一、兩個仙女玩通宵，午餐又是前菜主菜甜點搭配紅酒……所以當然囉，那個星期二，他回辦公室，在他的躺椅攤開四肢準備來場飯後午覺，國家大事什麼的都可以等。他睡死了，脫線家族溜了進去，由希拉帶頭，波賽頓帶著錨鏈殿後。這東西比赫菲斯托斯的金網笨重多了，於是雅典娜和希拉幫忙把錨鏈捆上沉睡的宙斯。阿波羅拒絕協助，因為鏈子生鏽了，而大家都知道，鐵鏽會弄髒衣服，況且別鬧了，看看他，他可是一身Prada耶，於是他只是站在安全距離外指揮，其他神則是跟錨鏈搏鬥，最後終於把諸神之王捆了來。逮到他了！鼾聲如雷，嘴開開，嘴角落還有乾掉的口水。他們站在那兒蠢兮兮地看著他。

「就說我們需要策略了吧！」雅典娜說道。

希拉在心裡記下一筆，以後絕對不要再找雅典娜合作。哪來那麼惹人厭的女人？但他們必須先料理宙斯，而她不知道接下來該做什麼——他永生不死，他們不能就這麼刺殺他。但她知道這整件事是她的構想，她應該要有某種計畫才對，於是她開始推卸責任。

「妳不是智慧女神嗎？要不要換換口味，改由妳來出點主意？」

雅典娜退後，並舉起雙手，「哇嗚，哇嗚，慢著。我一開始就說我們需要一個計畫，不要現在才來要我想。而且，提起頭銜，我不覺得妳有什麼立場說話。家庭女神？認真的嗎？這看起來不太家庭取向耶，更像恨丈夫女神吧！

親愛的預言之神阿波羅又怎麼說？看不到會走到這一步嗎？雖然不意外啦，但我可沒看見他幫忙——不是說他哪次真的出過手，除非把他『幫』蓋尼米德在家務事方面獲得成功也算進去。」

阿波羅勃然大怒，但不是因為同父異母的姊姊剛剛說他那些。他發現宙斯桌上有三張雅典娜的照片，他的竟只有一張。他身上總是帶著幾張簽名照供粉絲索取，於是他把一張雅典娜的照片換成他微笑的臉，但被雅典娜當場抓包。

「哇，我竟然還覺得爸的自我意識已經算很超過！」

「嗯，你們三個這樣盯著他看確實挺超過的。而且，工作時有個迷人的東西可看很不錯啊。」

「說得好像你很了解工作一樣。」

「噢，他媽少無聊了好嗎！還有，多少交幾個朋友吧。還有，小鬍子上點蠟好嗎。」

雅典娜給他一耳光。阿波羅大吃一驚，他嚴詞厲色地告訴他同父異母的姊姊，如果他臉上留下疤痕，他不會善罷甘休的。阿波羅一直吵到希拉介入，一隻手摀住他的嘴讓他閉嘴。阿波羅抗議，說希拉又不是他真正的母親，她不能教他該怎麼做；還有，今天大家都迷上碰他的臉是怎麼回事？波賽頓也想加入嗎？波賽頓上前，因為他心想「嗯，有何不可呢？」但他忘記綁在背上的三叉戟，撞到一個大花瓶，而花瓶自然而然摔個粉碎，發出巨大聲響。

希拉有一瞬間覺得心滿意足，因為那個花瓶醜得要命，她想把它弄走好幾年了；不過，她接著轉頭看著躺椅上的宙斯；他被綁在那兒，活像耶誕禮物。不可能還睡得下去吧？但他丈夫訓練有素——他基本上睡掉奧林帕斯的每一場會議——厲害的是，他竟依然沉睡不醒。這時阿波羅發出哽咽的聲音。希拉、波賽頓和雅典娜循他的視線望去，看見宙斯的托加袍動了起來。慢慢地，幾乎稱得上怪異了，他的鼠蹊部正上方搭起帳篷，而且變得越來越高。四個神呆若木雞……還有可能變得更大嗎？帳篷的成長看似停不住，但終究止息。宙斯醒來。他立即發現有四名觀眾。

「大家早啊。」他說道，但他們似乎無法回應；宙斯低頭看了看巨大的帳篷，他懂了。「哈啊哈啊，我猜鳥兒來過還丟下木頭，對吧？」沒人應聲，他又補充：「說真的，有時候還真麻煩。如果可以吃某種反威而鋼，你們知道的，我會吃，哈啊哈啊。」

這番話將希拉從恍惚中打醒——她承受過太多宙斯「不可控制」的勃起所造成的後果了。她振作起來，直盯著他的眼睛（也只盯著眼睛）。

「你可能猜到我們今天所為何來了。」她說道。

宙斯這才注意到顯然被用來捆住他的錨和鏈。他納悶著這會不會是某種好玩的家庭延遲生日性愛驚喜，但他又想起這可是希拉耶，於是他說：「我猜可以直接排除稀奇古怪的性愛了對吧？」

希拉深吸一口氣，閉上眼心想：請賜予我接受無法改變之事物的美德、改變應改變之事物的勇氣，以及區別兩者的智慧。我堅強、美麗，我不需要任何天殺的混帳臭男人！（最後這部分是她自己加的，但真的對她很有幫助。）

宙斯看她好一陣子閉著眼睛不說話，便說：「奧林帕斯呼叫希拉？」

希拉睜開眼，開始她的演說。

「我們今天把你鏈在這裡，因為我們要喊時間結束！」

「時間暫停吧？」波賽頓打岔。

「結束、暫停，隨便啦！宙斯——你靠哄騙而爬上王位，我們也容許你，因為感覺沒太多選擇。」

「根本沒有選擇，」波賽頓說，「我們花了好大力氣才找到這一個呢。」

希拉說：「聽著，波賽頓，你是想自己來發表演說，還是讓我說完我想說的話？」波賽頓表示「抱歉，姊妹。」於是希拉繼續說下去：「如我剛剛所說，你靠哄騙而爬上王位，而你被權力沖昏頭了，然後你又讓你的小頭操控你的大頭，因此你作出一大堆糟糕到極點的決策，於是我們決定……」

她停頓一下以求戲劇效果。

「你不再適合統治。」

她在等其他神附和，但沒人出聲，安靜得連一根針掉在地上都聽得見。

宙斯說：「我懂了，所以妳打算怎樣？推翻我自己當王嗎？那我來告訴妳吧，小姐——如果妳連我都滿足不了，妳是要怎麼滿足整個宇宙。」

希拉說：「換你來滿足我怎麼樣？」宙斯說：「嗯，我可沒聽其他人抱怨過。」希拉說：「那是因為你吃掉他們，或是把他們變成乳牛之類的東西，他們不能抱怨。大家都受夠你了，宙斯。」她轉向波賽頓和阿波羅尋求支持，但他們突然都對地板產生莫大興趣。

宙斯假笑，「真的嗎？那為什麼有那麼多人崇拜我？妳只要說我的名字，大家就跪成一片。」

「他們那是害怕，你太自大了才看不出來。」他的妻子反擊。

「我自大是因為我不是失敗者，也不是女人。兩者其實是一樣的東西。」

「你不可理喻。」

「是嗎？我覺得妳沒先想好計畫才真是不可理喻！」宙斯說。

雅典娜插嘴：「我就是這樣說的，爸。」

希拉怒瞪她，「事實上，我有。我確實有個計畫，計畫是如果你發誓當個更好的王，我們就放開你。」

現場沉寂片刻，然後宙斯爆出大笑。他笑得太劇烈了，只能勉強說出：「親愛的，我向妳保證……哈啊哈啊哈啊……因為男人說的話總是值得信賴……哈啊哈啊哈啊……」他快笑死了。雅典娜看了希拉一眼，眼神明顯在說：「就跟妳說了吧。」阿波羅說：「真不敢相信我在中午之前起床就為了這一齣。」而雅典娜壓抑跟他說實話的衝動，不要跟他說身為名副其實的太陽之神，他本該天殺的每一天都在中午之前起床，而且他們約的時間是下午三點——他打理頭髮是需要花多長時間？波賽頓勃然大怒，因為這代表他基本上平白無故大老遠從海裡把這條巨大的錨鏈拖過來。不過如希拉所說，又不是說其他人有什麼更好的點子。

同時間，事態的嚴重性慢慢滲入宙斯心中。他慢慢了解，如果他們成功，眼前的四位神祇將撤銷他的王位。對宙斯來說，這可是件大事，因為他靠這頭銜才逃過所有尷尬或無聊或緊張的場面——基本上就是他最後不能打上一炮的所有情況。他開始一一對他們掏心，但被捆在錨鏈下，他實在沒有多大說服力，全身只有手指能動，他說的話似乎不太能影響希拉、雅典娜或波賽頓。

不過，他對阿波羅還是有些影響力，阿波羅看過宙斯睡醒後壯觀的一柱擎天，不禁更加尊敬他老爸。於是當宙斯轉向他，手指劇烈扭動，他不由自主退了幾步，撞上另一個醜花瓶，花瓶隨即摔個粉碎。（希拉看著事情發生，心想無論今天怎麼樣，至少他們擺脫了兩個醜到家的擺飾。）

正在圖書館走廊的泰美斯聽見聲響。她一直努力忽視從宙斯辦公室裡傳來的吼叫聲，因為她正在寫她的論文《古典雅典的法律概念》，但好奇心占了上風，她決定一探究竟。她來到宙斯的辦公室，告訴擋住她去路的守衛她就是名副其實的法律，所以愛上哪就上哪，非常感謝，隨即走進辦公室，看見宙斯被鏈在他最棒的躺椅上。

「是在上演什麼多人『鏈』嗎？」她說道，因為顯然法律與秩序能理解的唯一幽默就是雙關語。

「滾啦！沒人邀請妳。」阿波羅說道，雅典娜竊笑。泰美斯感覺受傷。

好吧，不是每個人都懂得欣賞她的雙關，但她從小就常常被捉弄，而且無論她再怎麼努力融入，他們總是丟下她，因此她不需要聽某個傲慢的小寶寶神對她說這種話。都去死啦！宙斯沒那麼壞（他還沒把她嫁給某個凡人），他和她目前關係還不錯，而且他是她的姪子。她決定幫他一把，她召喚布里亞柔斯（Briareus），蓋亞誕下的百臂巨人之一。他就像個一人特種部隊，沒幾分鐘後就到了，並破壞錨鏈。

宙斯一躍而起，抓起放在收納架上的雷電，其他奧林帕斯神只能跪下。他們要付出代價了。雅典娜抬頭用她的棕色大眼睛看著她爸。她辯解，希拉給她好大壓力，逼她加入，所以她想，如果她進入他們內部，她所處的位置應該更能幫忙。不幸的是，雅典娜跪著，再加上她用了「壓力」、「進入」和「位置」等詞彙，這代表宙斯的老二不由自主肯定又有些反應了。這時候正需要那個反威而鋼，藥在哪？

雅典娜是他最愛的孩子，他不想懲罰她，但她非常聰明，他也在警惕那個有關墨提斯的預言——原本是說第二個孩子會推翻他，對吧？不是第一個？無論如何，最好還是拉攏她。而且，墨提斯還在他肚子裡，一直在說服他別想傷害（或染指）她的寶貝。於是他對著雅典娜咆哮，要她滾出去，而她欣然照辦，在宙斯背後朝另外三神閃過「幸好我不是你們」的表情。

宙斯接著轉向阿波羅和波賽頓。阿波羅是他第二愛的孩子，而波賽頓無疑是他最愛的兄弟（誰都比那個死神男孩好），但他們對他的威脅比希拉和雅典娜大多了。（因為他們都是男性，就現實而言，策劃這整場戲碼的肯定是他們兩個，傻女孩們只是被迫參與。）因此，他需要的是嚴厲的懲罰，讓他們知道誰才是老大。「我要派你們去特洛伊建造一座牆。」他隆隆地說道。完美，辛苦的體力活兒。只不過……他看著他們兩個——都是大肌肉的完美典範，因為，廢話，他們是神。蓋一座牆對他們來說根本小菜一碟。「而且你們必須以凡人之身去做這件事。」他補充。

阿波羅和波賽頓都不知道宙斯在說什麼。阿波羅上一次被剝奪神格時，他九年的時間都跟一個性感的國王一同享受美好的性愛。如果這次也跟上次一樣，他沒什麼好抱怨的，但是辛苦的體力活兒聽起來會弄得髒兮兮，而且不是有趣的那種弄髒。波賽頓比較正向——能離開海底，有些不同的人生體驗很不錯，大概會像那些工作空檔的假期吧？來到特洛伊的工地是一場不愉快的意外之旅，他在眾目睽睽之下伸出一隻手號令大海聽從他的命令，卻什麼也沒發生。他覺得超級丟臉，就算回復神格，他也花了好幾百年才從羞愧中恢復。

不過我們跳太快了。宙斯在心裡拍拍自己的肩膀。他向來喜歡巨大城牆的概念——有一種令人滿足的實在感——他也想在奧林帕斯蓋一座，但永遠得不到足夠的支持。雅典娜反駁他，說牆醜得傷眼，而且會造成很大的分隔

（呃……妳想表達什麼？宙斯這麼想）。但現在這件名副其實的苦差事是由這兩個壞傢伙去做，他可以先在人間試行，然後或許在奧林帕斯重新提案。宙斯之牆。聽起來真不錯……

但是現在輪到希拉。他不是很確定該拿她怎麼辦。他聽過有個傢伙砍掉自己幾個妻子的頭，而因為希拉是不死之身，所以他只會得到一顆沒附帶美妙嬌軀但會講話的頭；注意，那代表也會有一副美妙的嬌軀但沒有煩人的頭……不過若他開始只帶著希拉的身體進出，他不確定其他奧林帕斯神會作何感想；而且，還是必須稱讚她，因為她總是試圖干預，他的生活一直過得頗為有趣。不，他需要更巧妙的懲罰，要做得遠比砍掉她的頭更漂亮一點。這時他看見剛剛綁住他的錨鏈擱在地上，他突然靈光一閃。減量、重複利用、回收——雅典娜總是沒完沒了嘮叨這些事——這些金屬可能就是他的答案。他拿起錨鏈審視。沒錯，完美。於是他把他妻子拖到天上，用波賽頓這條生鏽的錨鏈把她掛在空中，而她痛得尖叫整晚。

到了早上，諸神以為他會放開她。但他沒有，而她繼續尖叫。最後，就連赫菲斯托斯也說：「好啦，我知道她是個混帳，我以前也把她鏈起來過，但做到這種地步就有點超過了，是吧？」阿芙蘿黛蒂也不甘願地坦承，他們用在她身上的網子不會弄痛她；熱愛來點戰爭的阿瑞斯則說：「是啊，這違反日內瓦公約，我很確定！」就連黑帝斯在地獄也聽得見尖叫，而那聲音跟他的重金屬不太協調，所以在宙斯又得處理其他起義之前，他讓步了，因為就連他也對這一切感到有點罪惡感。他對希拉說，只要她發誓永遠不再造反，他就放了她。儘管他臉上的假笑討厭得要命，她還是低頭了，一臉虔誠地發了誓。

於是宙斯那晚上床時想著他實在把這狀況處理得非常好，並恭賀自己今日的工作令人滿意。希拉也上床休息，並上網搜尋「反威而鋼」，得知持續勃

詞彙表

● **阿基里斯**（**Achilles**）：孩提時被浸入斯提克斯河，因此擁有刀槍不入的皮膚（腳踝除外）。然後他決定要暴露上述腳踝去參戰，最後死了，不意外。

● **阿克泰翁**（**Actaeon**）：遭詛咒而變為雄鹿的獵人，意外看見裸體的阿提米斯。地點、時間都不對。

● **阿瑪爾忒婭**（**Adamanthea**）：保母，喜歡將小孩吊在樹上，前雇主非常不推薦。

● **阿德墨托斯**（**Admetus**）：性感人類國王，阿波羅的愛人（也可能是阿波羅最長的一段感情，因為他名副其實有九年的時間都無法離開）。

● **安菲特里忒**（**Amphitrite**）：波賽頓之妻、海洋仙女——喜歡在別人生產時現身，但一點忙也不幫。

●**阿密克拉斯**（**Amyclas**）：阿波羅和阿提米斯射箭嬉鬧後的兩位幸運倖存者之一，後來轉而開始激昂宣導更嚴格的弓箭管制法存在之必要。

●**安蒂岡妮**（**Antigone**）：阿佩琉斯前妻，別跟伊底帕斯（Oedipus）同名的女兒搞混了——後者才是有齣戲劇以她為名的那一個，而且完全是另一個故事。

●**阿芙蘿黛蒂**（**Aphrodite**）：烏拉諾斯之女，神話宇宙小姐優勝者。不特別聰明，但也沒必要，因為男人都殫「精」竭慮配合她（就是字面上的意思）。

●**阿波羅**（**Apollo**）：宙斯與勒托之子，阿提米斯的雙胞胎兄弟。喜歡玩樂的派對男孩，極度外向，淫亂，好時光永遠不長久（不過他被變成凡人時的那段關係倒是挺長久的）。

●**阿卡斯**（**Arcas**）：宙斯諸多非婚生子之一，母親卡利斯托被變成熊，他則被變成星座。說來話長。

●**阿瑞斯**（**Ares**）：宙斯與希拉唯一的婚生子。因為把捉迷藏變成戰鬥而被踢出學校——有些同學疤痕仍未消去。最出名的事蹟是他睡了阿芙蘿黛蒂。

● **阿耳戈斯．潘諾普忒斯**（**Argus Panoptes**）：百眼巨人（別跟百臂巨人搞混了，不過想像一下如果他們一起出現）。

● **阿提米斯**（**Artemis**）：宙斯與勒托之女，阿波羅的雙胞胎姊妹，白璧無瑕，眾神中唯一出淤泥而不染的存在，創立了一個女性主義的獵人姊妹會，零負評。

● **阿斯忒里亞**（**Asteria**）：拒絕過宙斯一次，現在是一座島。

● **艾斯特里昂**（**Asterion**）：隨和的老兄，但是太為克里特島的觀光業商機興奮，沒空對他妻子迸出三個宙斯的小孩提出異議。

● **雅典娜**（**Athena**）：墨提斯與宙斯之女，無比聰明，宙斯最愛的一個孩子，大多數時候——願意刺傷某個婊子（梅杜莎）以保住這個地位。

● **阿特拉斯**（**Atlas**）：把整個世界扛在肩上的男子（就字面意義而言）。本身是泰坦，因為違抗諸神而受罰，必須站在一座山上撐起天空。這座山脈後來以他為名，真棒。

●**布里亞柔斯**（**Briareus**）：百臂巨人之一，綽號破鏈者。

●**卡利斯托**（**Callisto**）：阿提米斯的女獵人之一，人生被宙斯毀了。希拉把她變成熊，被自己的兒子殺死後，宙斯把她變成一個星座。是個苦命的女人。

●**坎婆**（**Campe**）：一頭非常不華麗的龍。

●**賽柏洛斯**（**Cerberus**）：男性最好的朋友——實際上只是黑帝斯最好的朋友，有三顆頭（和三口牙），其他神都被他嚇得動彈不得。

●**卡戎**（**Charon**）：撐船送亡者到冥界。如果你出手夠大方，他會給你來場下流大膽的歌舞表演。

●**克洛里斯**（**Chloris**）：阿波羅和阿提米斯大屠殺的另一個倖存者。她受到太大創傷，最後躲進森林裡跟森林生物一起生活，謠傳她長出一條尾巴。

●**克律薩俄耳**（**Chrysaor**）：梅杜莎與波賽頓之子，誕生時是從他母親的無頭屍體迸出來。

●**科俄斯**（**Coeus**）：蓋亞與烏拉諾斯之子，創造天空的泰坦。凡是家庭聚會，他現身時總是戴著大大的太陽眼鏡、身穿迷幻印花大喇叭褲。在派對上發送古柯鹼的通常都是他。一顆漂白的爆炸頭（除了攀關係之外並沒出現在這本書裡，抱歉啦，夥伴）。

- **克洛諾斯**（**Cronus**）：蓋亞與烏拉諾斯之子。年輕時砍下他爸的老二，然後產生嚴重妄想，覺得相同的事也會發生在自己身上。眼睛比胃大。「黃金年代」的商標擁有者。宙斯的老爸。
- **獨眼巨人**（**Cyclopes**）：蓋亞與烏拉諾斯之子，只有一隻眼睛，還是能看穿諸神的胡說八道。他們大多待在一座位於海底的鐵工廠裡。
- **達那厄**（**Danaë**）：柏修斯之母，宙斯化身為金雨現身在她面前，在不只一方面把她弄濕。
- **德爾菲仙女**（**Delphian Nymphs**）：一群非常迷人的女性，莊園裡來了個新主人讓她們非常興奮，《傲慢與偏見》的靈感就是來自她們（請不要嘗試查證，因為這有些微可能不是真的）。

● **狄密特**（**Demeter**）：雷亞與克洛諾斯之女，元祖六女神之一，重金屬怪咖，當上媽後性格大變，現在晚上十點前一定要上床睡覺。

● **戴歐尼修斯**（**Dionysus**）：唯一雙親之一是人類的奧林帕斯神祇。酒精提供者。希拉把他設定為快速撥號的聯絡人。

● **厄帕福斯**（**Epaphus**）：唯一關聯性說真的只有他是宙斯和伊歐的孩子，因此是海克力斯的（遠房）親戚。

● **厄庇米修斯**（**Epimetheus**）：普羅米修斯的兄弟。他和潘朵拉的婚姻間接導致所有邪惡被釋入這個世界。

● **厄里倪厄斯**（**Erinyes**）：也稱為孚里埃，因為沒人知道該怎麼拼他的名字。從烏拉諾斯的血中迸生，自此，只要有人犯下違反自然秩序的罪行，他就會找他們復仇。

● **厄莉絲**（**Eris**）：獲選《柯夢波丹》兩千年來最該邀請去參加婚禮者，因為如果你沒邀她，她真的會搞得天翻地覆。

● **厄洛斯**（**Eros**）：即邱比特，說實在的，就一個負責愛的神而言，他實在挺不擅長談情說愛。有承諾與信任方面的問題，但大致算是好人（不過我們從現實層面來看，好人的標準實在很低）。

● **歐羅巴**（**Europa**）：易怒的凡人。宙斯的另一個受害者愛人。在平行世界裡，她可能會是一個牛騎士。

● **歐律阿勒**（**Euryale**）：梅杜莎的姊姊，人生中最棒的事是她的妹妹被變成一個醜陋的怪物，最慘的事是兩秒後她自己也遇上相同的事。

● **歐律諾墨**（**Eurynome**）：不認為醜小孩就該死的正常人。跟忒提斯一起過了幸福快樂的好幾年，只是好姊妹而已。

● **命運**（**Fates, The**）：掌管命運的三名女性，以切斷繩子判斷壽命長短而聞名。可能是唯一令諸神恐懼的事物。

● **蓋亞**（**Gaia**）：沒人之女。宙斯的祖母。不接受別人亂來；堅定地相信如果你希望有件事做好，那就自己來。創造出自己的丈夫，完全就是他×媽的女王，而且她自己也知道。

● **蓋尼米德**（**Ganymede**）：少數擁有快樂結局的凡人之一。成功把握住宙斯的愛，到今天都還在奧林帕斯天庭斟酒，身上除了一件閃亮亮的金色內褲之外什麼也沒有。

● **黑帝斯**（**Hades**）：雷亞與克羅諾斯之子，元祖六神之一。有點哥德風，滿腹憂慮，提起妻子普西芬妮時就變得多愁善感，而且熱愛他的狗。

● **赫柏**（**Hebe**）：宙斯的少數婚生子之一，也是他的前斟酒人，直到她後來結婚，而宙斯找他的小情夫接替她的位置。

● **黑卡蒂**（**Hecate**）：魔法女神。偶爾可以在格洛斯特郡（Gloucestershire）的斯特勞德區（Stroud）看見她。

● **百臂巨人**（**Hekatonkheire**）：蓋亞與烏拉諾斯之子，有一百條手臂，因此出生的過程頗繁瑣，蓋亞之後就不再生小孩。

● **海倫**（**Helen**）：發動一千艘船。阿芙蘿黛蒂看見她時差點心臟病發。

● **赫利歐斯**（**Helios**）：太陽之神。發散的陽光和胡說八道一樣多。和阿芙蘿黛蒂是八卦前線的競爭對手。

● **赫菲斯托斯**（**Hephaestus**）：希拉之子（實際上是忒提斯和歐律諾墨的孩子）。證明外表並不代表一切。拙於社交，不過是唯一擁有利他一面的神。

● **希拉**（**Hera**）：雷亞與克洛諾斯之女，宙斯的老婆，阿瑞斯、赫菲斯托斯、埃雷圖亞與赫柏之母。元祖六女神之一。婚姻女神，但自己可能也需要做一點婚姻諮商。

● **赫拉克勒斯**（**Heracles**）：並不算有出現在這本書，不過無論如何還是在詞彙表裡提一下，因為如果不提他，可能會引起紛爭。自負的程度跟宙斯可能不相上下，這有點道理，因為宙斯就是他爸，透過伊歐的關係宙斯也同時是他的曾祖父。

● **荷米斯**（**Hermes**）：雷亞與克洛諾斯之子，元祖六神之一，傾向嘗試同時出現在太多地方。充其量只是一個希望討大家歡心的送貨員。

● **赫斯提亞**（**Hestia**）：雷亞與克洛諾斯之女，元祖六女神之一。樂於安坐觀察，常常出現在背景（不算真的有出現在這本書裡）。

● **伊那科斯**（**Inachus**）：阿哥斯之王，伊歐之父。把自己的女兒逐出家門，只因為有個身穿天鵝絨運動服的傢伙叫他這麼做。

● **伊歐**（**Io**）：普羅克萊門兄弟（The Proclaimers）的歌曲〈我將會（五百哩）〉（*I'm Gonna Be (500 Miles)*）靈感來源，只不過伊歐走那麼遠的路是為了躲避一個男性（宙斯，當然了）。

● **姬羅伊莎**（**Keroessa**）：厄帕福斯的姊妹，因此她也一樣，名字雖然酷，但跟故事沒太大關聯。

● **克爾**（**Kore**）：（請參照普西芬妮）花之女神踏上「地獄之后」的權力之旅前所用的名字。

● **里雷普斯**（**Laelaps**）：非常乖的男孩（獵犬），喜歡有人給他搓揉肚子，也喜歡打獵，因此他媽不至於餓死。宙斯把歐羅巴丟在一座島上，然後送她這份禮物，好讓她不會死掉。真棒。

- **勒托**（**Leto**）：阿波羅與阿提米斯之母。在一座原本是她姊妹的島上生產，大半輩子都在努力躲避希拉派來的東西（怪物、毀謗性指控，諸如此類）。
- **梅杜莎**（**Medusa**）：三姊妹之一，後成為雅典娜的祭司，遭波賽頓強暴、被柏修斯砍頭。因一頭蛇髮和令人渾身僵硬的目光而聞名。
- **墨利埃**（**Meliae**）：梣樹仙女，叫這麼特別的名字一定很特別。
- **墨涅拉俄斯**（**Menelaus**）：斯巴達國王，被蒙上眼、綁起來，還保證給他絕妙的性愛，等了幾天才領悟他美麗的妻子（海倫，請參考第292頁）已經為了某個年輕小伙子而拋棄他，他為此開戰。
- **墨洛珀**（**Merope**）：被俄里翁糾船後被變成星座。
- **墨提斯**（**Metis**）：宙斯的第一任妻子，雅典娜之母，無比聰明——只有挑選男人的時候除外。
- **邁達斯**（**Midas**）：一個能夠把物品暫時變為黃金的國王，除了說荷米斯嫉妒他之外，我們並沒有真正提到他的事蹟。可憐的荷米斯。

●**米諾斯**（**Minos**）：歐羅巴與宙斯的孩子之一，最後成為地獄判官；說是壞蛋，其實更常埋首於文書作業中。

●**涅斯托爾**（**Nestor**）：打破（古希臘）人類壽命紀錄。

●**尼俄伯**（**Niobe**）：吹噓自己勝過勒托的人類皇后。阿波羅偷聽到並過度反應，她最後太過傷心，被變成一顆永遠哭泣的石頭。

●**俄刻阿諾斯**（**Oceanus**）：形成並統治海洋的泰坦，直到宙斯把他關進塔爾塔羅斯，並把海洋送給他最愛的兄弟。

●**伊諾妮**（**Oenone**）：帕里斯的女朋友，當帕里斯發現自己和海倫有機會，她隨即被甩。

●**俄里翁**（**Orion**）：熱中玩弄女性，浪費大把時間跟阿提米斯在一起希望能打上一炮（最後失敗）。

●**烏拉諾斯**（**Ouranos**）：蓋亞之子，也是蓋亞之妻。沒卵蛋，但我猜如果你媽也是你愛人就是會這樣。

- **潘**（**Pan**）：荒野之神，吹笛子，本來會是「反抗滅絕」（Extinction Rebellion）的重要人物——事實上，格蕾塔·桑伯格（Greta Thunberg）可能就是他轉世（是我先說的喔）。
- **潘朵拉**（**Pandora**）：諸神創造的第一個女人，目的是造成大規模毀滅。她的好奇心殺死一隻貓（以及許多其他東西）。
- **帕里斯**（**Paris**）：《英國達人秀》（*Britain's Got Talent*）的皮爾斯·摩根（Piers Morgan）以來最糟糕的裁判。欠一大堆特洛伊人一個道歉。
- **佩加索斯**（**Pegasus**）：梅杜莎和波賽頓的另一個孩子，只不過這一個是一匹馬……而且長翅膀！
- **佩琉斯**（**Peleus**）：宙斯為忒提斯挑選的丈夫，以確保她生下不具威脅性的孩子，因此實在有點像他身上的一個烙印。
- **普西芬妮**（**Persephone**）：（請參照克爾）——宙斯與狄密特之女，嫁給黑帝斯，熱愛她的丈夫，擅長處理國家大事，恨穀物。

● **柏修斯**（**Perseus**）：之後會與一個有史以來最了不起的虛構英雄共用他的名字（以及一定程度的無禮態度）。

● **波呂得克忒斯**（**Polydectes**）：塞里福斯島國王，在交友軟體和達那厄配對成功，但在那之後都為此感到後悔。

● **波賽頓**（**Poseidon**）：雷亞與克洛諾斯之子，元祖六神之一。高䠷、黝黑的海神，穿不完的衝浪短褲，因為鬍子髒兮兮看起來像個毒蟲。

● **普羅米修斯**（**Prometheus**）：敏感的泰坦，以泥捏塑出人類，下場不太好。

● **賽姬**（**Psyche**）：一位美麗的公主，經常和看不見的愛人做愛，但是我們不會因為某人的怪癖而看不起他。

● **培冬**（**Python**）：非常巨大的一條蛇，運氣不太好，住處被阿波羅搶去當神廟，還因此被無情殺害。

● **達曼迪斯**（**Rhadamanthus**）：歐羅巴與宙斯的孩子之一，最後成為地獄判官。

他喜歡拿小木槌。

●**雷亞**（**Rhea**）：烏拉諾斯與蓋亞之女，克洛諾斯之妻與宙斯（以及另外五個孩子）之母。缺乏個性。

●**薩爾珀冬**（**Sarpedon**）：歐羅巴與宙斯的孩子之一，最後成為地獄判官。他是為了假髮才接下這份工作。

●**斯忒諾**（**Stheno**）：梅杜莎的另一個姊姊。妹妹不再具市場競爭力之後，她也過了一段好日子，直到她染上陰蝨，然後就不那麼好了。後來她也被變成戈爾貢，更是雪上加霜。

●**塔羅斯**（**Talos**）：機器士兵，宙斯送給歐羅巴的禮物；宙斯把歐羅巴丟在克里特島，然後送她機器士兵保護她安全。

●**塔爾塔羅斯**（**Tartarus**）：地獄最深的深淵，但也是一個神？但也是深淵本體？好混亂啊。泰坦們在泰坦大戰落敗後被關押於他之中。

●**忒爾喀涅斯**（**Telchines**）：半狗半魚的海巫師；誰來寫一齣衍生劇，立刻。

● **忒勒戈諾斯**（**Telegonus**）：埃及國王，宙斯對伊歐厭倦後，安排她與這位國王結婚。

● **泰西絲**（**Tethys**）：泰坦女神，對海洋有些許掌控力，希拉利用她達成目的。

● **桑納托斯**（**Thanatos**）：死神，黑帝斯的得力助手。

● **泰美斯**（**Themis**）：泰坦法律女神，阿宅，雙關語女王。

● **忒提斯**（**Thetis**）：跟歐律諾墨同居數百年後被迫嫁給一名凡人男子。對賓客名單自有其想法，結果付出了代價，婚禮變成一場混戰。

● **泰坦**（**Titan, The**）：蓋亞與烏拉諾斯的孩子。

● **提堤俄斯**（**Tityos**）：希拉派去對付勒托的巨人。阿提米斯和阿波羅殺了他，因為他試圖傷害他們的媽。

● **特洛斯**（**Tros**）：蓋尼米德之父，支持自己兒子的人生選擇。

● **澤費洛斯**（**Zephyrus**）：終極助攻手——西風之神，幫了厄洛斯一個大忙，不過完全是因為利他主義，不是因為他愛他。

致謝

封面或許印的是我的名字，但這本書其實屬於我的編輯，Bea Fitzgerald。所以謝謝妳，Bea，謝謝妳要我做這件事，並為這本書增添那麼多內涵；謝謝妳一直維持驚人的熱忱，也謝謝妳所有英明的註記與編修。謝謝你們，公關與行銷的大師Myrto和Callie。事實上，我要感謝Hodder Studio整個傑出的團隊，大大的希臘感謝efharisto！

我原本想去煩更多人，但因為社交距離規定等因素，結果其中只有不到一半人被我煩到，但我確實跑去糾纏Neesh（謝謝你！）、Stuey（謝謝你！），還有我的家人。我最常糾纏的人（到目前為止）是我最大的女兒。我知道寫一本書跟參加大學預科畢業會考不太一樣，但還是謝謝妳，Coco，妳一直都很棒，而且常常逗我笑（還有臉紅！）。Simon，感謝你從頭到尾都正向積極，感謝Daisy讓我保持謙卑；還要謝謝Sam，我們之中只有你真的讀完《神話》（*Mythos*）——而且還讀兩次！噢，還要感謝點點從頭吠到尾。我愛你們。

國家圖書館出版品預行編目資料

希臘眾神很有事：神啊！別鬧了！史上最瘋狂的奧林帕斯「偽」歷史/蘇西.唐金(Susie Donkin)著；歸也光譯. -- 初版. -- 臺北市：平裝本出版有限公司, 2022.09　面；　公分. -- (平裝本叢書；第543種)(Fun；03)
譯自：Zeus is a dick.
ISBN 978-626-96042-9-6(平裝)

1.CST: 希臘神話 2.CST: 通俗作品

284.95　　111013668

平裝本叢書第0543種
FUN 03

希臘衆神很有事

神啊！別鬧了！
史上最瘋狂的奧林帕斯「偽」歷史

ZEUS IS A DICK

作　　者—蘇西・唐金 Susie Donkin
譯　　者—歸也光
發 行 人—平　雲
出版發行—平裝本出版有限公司
台北市敦化北路120巷50號
電話◎02-27168888
郵撥帳號◎18999606號
皇冠出版社(香港)有限公司
香港銅鑼灣道180號百樂商業中心
19字樓1903室
電話◎2529-1778　傳真◎2527-0904
總 編 輯—許婷婷
執行主編—平　靜
責任編輯—黃馨毅
美術設計—嚴昱琳
行銷企劃—鄭雅方
著作完成日期—2020年
初版一刷日期—2022年9月

法律顧問—王惠光律師

讀者服務傳真專線◎02-27150507
電腦編號◎581003
ISBN◎978-626-96042-9-6
Printed in Taiwan
本書定價◎新台幣380元/港幣127元